日経文庫
NIKKEI BUNKO

ビジネス数学入門〈第2版〉
芳沢光雄

日本経済新聞出版社

まえがき

　歴史を振り返ると、力学と微分積分学が相互の発展に寄与したことから宇宙の謎もいろいろ解明できたように、数学と他の分野は今後とも垣根を越えて互いに影響し合って発展していくものと考えます。最近話題になっているAI（人工知能）の分野でも、演算量の削減を目指す数式処理や誤り訂正能力を高める符号理論を見てもそうであり、AIの時代になっても数学の意義は変わらないでしょう。

　数学とは最も縁遠いと思われていた文学の世界でも、データベースと検索技術の向上が加わったこともあって、統計数学として生まれた様々な手法が計量文献学を支えるに至りました。また、物資の効率的な輸送を図ることから萌芽した線形計画法は、現在では経営数学全般にわたっての重要な基礎となっています。

　このように数学は多様な分野と深く関係し合って今日に至っており、それはビジネスの世界でも例外ではありません。ところが日本では、古くから「数学はビジネスとは無関係」という迷信が根強く残っていることも事実です。

　2002年1月に出版された本書『ビジネス数学入門』の第1版は、そのような迷信を過去のものにすることを主な目的としました。日本におけるその後の展開を見ると、何冊もの関連する書が次々と出版されたこともあって、「ビジネスには数学の発想が欠かせない」という考えが広く浸透してきた感があります。

実際、2020 年度から始まる「大学入学共通テスト」の狙いの本質には、論理的思考力を重視してプロセスを記述する形の学習に軸足を移行させたいことがあります。その動きに呼応するかのように、2018 年 6 月には早稲田大学が 2021 年度からの入試制度改革を発表し、その中で政治経済学部が一般入試で初めて数学を必須科目とすることが注目されました。

　そのような流れを受けて本書第 1 版を見直してみると、内容的に荒削りな面が多々見受けられ、抜本的に書き直す必要を痛感しました。そこで、全体的には丁寧で応用しやすい説明を心掛けると同時に、基礎的な発想や算数の応用面をとくに充実させることを念頭に置いて、本書第 2 版を執筆しました。

　数学が苦手な読者でもすべての節に目を通すことができるように工夫しましたが、理系の高校数学の知識があるとなお読みやすい節には（☆）を、また大学の教養課程で学ぶ初歩的な行列の知識があるとなお読みやすい節には（☆☆）を付けました。これも参考にしていただければ幸いに思います。

　最後に本書の出版では、日本経済新聞出版社編集部の堀口祐介氏に大変お世話になりました。ここに深く感謝いたします。

　2018 年 10 月

芳沢　光雄

ビジネス数学入門　目次

まえがき 3

序　章 なぜ数学力は
ビジネスに必須なのか ……………… 11

第1章 基礎的な発想を
身に付けよう ……………………… 17

1　言葉の定義と意味を大切にしたい 17

2　定理や公式は深く理解すべき 20

3　抽象的な概念はそれだけ応用が広い 21

4　数字だけではなく、視覚的にとらえる 23

5　微分積分に対する
　　意識過剰は考えもの（☆） 29

6　2種類ある説明の仕方 35

7　数学の発想で理解するマーケティング 37

8　順序付けで注意すべきこと 40

9   統計調査の方法とモラル 42
10   適当な数学モデルと不適当な数学モデル 45

第2章 算数の応用で差をつける ………… 49

1   2通りに数えて確かめる 49
2   アナログとデジタルの違いに注意 52
3   図を用いた説明 55
4   金利計算で必須な端数計算 60
5   縮尺と方眼法を使いこなす 63
6   1単位当たりで考える習慣を 67
7   名目と実質はどう違うのか 70
8   フローとストックの発想 71
9   裁定取引で復習する大小関係 73

第3章 最適を求める
──1次関数と符号の応用 …… 76

1   有利なプランや所得税を求める1次関数 76
2   先物取引も1次関数の応用 79
3   最大売上高や最小仕入額を求める
    線形計画法 82

4 具体例から学ぶ「誤り検出符号」と
「誤り訂正符号」91

第4章 変化をとらえる
──数列と対数の応用 ················· 102

1 株価を見るとき、なぜ対数がよいのか 102

2 累乗の恐怖と自然対数の底 e 111

3 ３種類ある平均と加重平均 114

4 積立貯金と元利均等返済 122

5 債券の現在価値とニュートン法 127

6 乗数効果を一般化して得られる
ビジネスでの発想（☆）132

7 サービスカウンターの数を扱う
待ち行列（☆）139

第5章 戦略を立てる
──確率の応用 ································· 142

1 １人を公平に選ぶ方法 142

2 じゃんけんで復習する確率計算の基礎 144

3 まぐれ当たりと大数の法則 147

4 仕入れ方で学ぶ期待値 150

5 野球で学ぶ独立試行の定理 153

6 左右の癖で学ぶ二項分布と有意水準 157

7 まれに起こる事象を扱う
ポアソン分布（☆）162

8 行列ゲームとミニマックス定理（☆）164

9 市場のシェアの推移を扱う
確率行列(☆☆) 171

第6章 効率化を進める
──組合せ論の応用 178

1 最短通路問題の発想 178

2 逆向きに考えるPERT法の発想 185

3 デザイン論の応用 191

第7章 因果関係を見抜く
──統計の応用 196

1 有効求人倍率と完全失業率 196

2 標準偏差と相関係数 198

3 傾向を表す回帰直線 203

4 正規分布と正規検定（☆）206

5 χ^2分布とχ^2検定（☆） 211
6 仮説検定は単なる出発点 216
7 多変量解析の基礎となる
   距離と固有値の考え方（☆☆） 219

索引 227

序　章
なぜ数学力は
ビジネスに必須なのか

　紀元前8000年頃から始まる新石器時代の近東では、円錐形、球形、円盤形、円筒形などの形をした小さな粘土製品の「トークン」というものがありました。壺に入った油は卵形のトークンで数え、小単位の穀物は円錐形のトークンで数える、というように物品それぞれに応じた特定のトークンがありました。1壺の油は卵形トークン1個で、2壺の油は卵形トークン2個で、3壺の油は卵形トークン3個でというように、1つひとつに対応させる関係に基づいて使われていたのです。

　この段階では、まだ抽象的な数は芽生えていません。しかし、既に人類は物品の個数の管理について、「少し余る」あるいは「少し足りない」などを数でなくトークンで行っていたのです。その後、物品それぞれに応じた特定のトークンではなく、物品それぞれとは無関係な抽象的な数字の概念が誕生して、物品の個数の管理を数字で行うようになったのです。

　現在、多くの企業にとって在庫管理は重要な業務ですが、その起源はトークンにさかのぼることができるでしょう。およそビジネスにおいては、個数ばかりでなく、時間、距離、速さ、面積、重さ、金額、比率など様々な場面で数字が登場します。契約書における要点の本質部分は、数字を用いた表現になっています。それは、数字

が客観的で誤解を生まない文字だからです。

　様々な数字を用いて議論を展開する段階になると、やさしいか難しいかは別として、そこでは必ず「数学」が登場します。物品の在庫数が3個から8個になれば、8－3＝5（個）の物品が加わったことになります。さらに、8個の在庫の半分を出荷するということは、8÷2＝4（個）を出荷することになります。このような簡単な内容でも、引き算と割り算を用いています。

　それだけを見ても、ビジネスにおいて数学は必須なことが分かるでしょう。上記のことを深く考察すると、いったん、物品の在庫管理の世界の問題を数学の引き算・割り算の世界に送っています。数学の引き算・割り算の世界での結果を物品の在庫管理の世界に送り返しています。およそビジネスにおいては、ビジネスの世界の問題をいったん、数学の世界に送って、その結果をビジネスの世界に戻すことが自然です。要するに、

という作業を何度も行っているのです。

　現在、数学の世界には多くの分野があり、膨大な成果が蓄積されています。それだけに、ビジネスの世界のちょっとした問題でも、数学の世界に送ってみると思わぬ形で答えが戻ってくることもあります。数学の世界で生きてきた私としては、もっと数学の世界を活用してもらいたいという夢をもちます。

　それゆえ、上記図式の往復作業が盛んになって、客観的なデータによってビジネスでの諸問題の解決を願うものでありますが、そうならない場合も少なからずありま

す。たとえば企画案を決定する段階で、「私の勘には狂いがないから原案のまま即決してもらいましょう」「とある筋の意向を忖度して決定しましょう」などと発言して、上記図式の往復作業を経ないで強引に企画案を決定することもよくあるそうです。

　また日本では諸外国と比べて、ビジネスと数学の世界の間が疎遠になる壁があるように感じます。実際、私は様々な世界の方々から、いろいろな質問をいただきます。その中で、大学における経営・ビジネス系の学部の基礎教育に数学があるものの、経営やビジネスにどのように役立つのかの話は一切なかったことへの疑問。経営・ビジネス系の学部の専門教育のテキストに突然、意味不明な数式がしばしば現れることへの疑問。これらの質問は、多くの大学生からいただき、上記図式の往復作業を省略している大学教育への違和感を示していると考えます。

　さらに、「ビジネスへの応用を謳う数学の本であるならば、ビジネスへの応用の記述は当然なことだと思いますが……」という、半ば当たり前の指摘もよく聞かれます。これは、「ビジネスへの応用を謳っている以上、その部分を省略しては困る」という当然な要望なのです。そのような背景を重く受け止めて、本書は上記図式の往復作業を重視して執筆しました。

　その往復作業における注意すべき3つの点をここで述べましょう。一つは、ビジネスの世界の問題を数学の世界に送るとき、数学の世界で扱うことができる表現に直す「モデル化」が必要となります。そこでは誤差も生じるでしょうが、なるべくビジネスの問題に近い表現が求

められます。それと同時に、数学の世界で解決が困難な形で送っても、解をビジネスの世界に戻すことができなくなります。その辺りの双方からの妥協点を探ることが、常に大切な作業となることを意識しなければなりません。

　次に、せっかく数学の世界で得た結論がビジネスの世界に戻ってきても、その結論に違和感をもつことから、結論を改竄したり握り潰したりしては、話が前に進みません。そのような場合には、「なぜ、この結論が戻ってきたのか」を前向きに検討する姿勢が求められます。

　最後に、見直しの必要性です。モデル化の段階でミスはなかったか、数学の世界での計算にミスはなかったか、あるいは入出力の段階でミスはなかったか、このようなチェックは必須事項にしたいものです。株式の取引で１ケタ間違えた注文を出してしまったために、大変な社会問題に発展した出来事などは忘れられません。

　見直しに関して大切なことの一つに、「疑う気持ちを強くもって文章を読む」ことがあります。実際、私は学生からの膨大なレポートを見てきましたが、単に「間違いがあるかどうか分からないけど、見直してごらん」と言う場合と、「このレポートには２つの間違いがあるので、それを直してごらん」と言う場合を比べると、後者の方がはるかに結果は良いのです。

　さらに見直しに関して、もう一つ大切なことがあります。それは、「作業がいったん終わってからすぐに見直すより、少し時間を置いてから見直す方が間違いを見付けやすい」ということです。これに関しては、学術的にはあまり解明されていないのではないかと思いますが、

認知心理学者ウェイン・A・ウィケルグレンの書『問題をどう解くか』（ちくま学芸文庫）、あるいは数学者G・ポリアの書『いかにして問題をとくか』（丸善）の中でも、少し時間を置いてから見直すメリットを知ることができます。

　以下、2章から7章までの紹介も兼ねて、上記図式の往復作業の意義を理解していただけるような問題例を、いくつか紹介して序章を終わることにします。

　設立5年になった企業の営業利益が、2年目が初年度の50％増、3年目が2年目の100％増、4年目が3年目の25％減、5年目が4年目の125％増、にそれぞれなったとき、平均の成長率を求めるとします。このとき、それら4つの数字を足して4で割る相加平均の発想ではなく、相乗平均の発想で答えを導かなくてはなりません（相加平均と相乗平均の説明も含めて、詳しくは4章3節を参照）。

　1000万円を何か1つの銘柄で株式運用することを考えるとき、候補に挙がったいくつかの銘柄の過去のチャートを見ることになるでしょう。このとき、普通のグラフでなく対数グラフというものでチェックすることがよいのです（その説明も含めて、詳しくは4章1節を参照）。

　スーパーマーケットでの加工食品の仕入れを考えてみます。仮定として、仕入れ個数は20個単位で、売れたときに利益は1個につき400円、売れなかったときの損失は1個につき900円とし、お客様の購入希望合計予測は次の通りとします。

購入希望 合計数	151〜170 個	171〜190 個	191〜210 個	211〜230 個	231〜250 個
その確率	5%	30%	40%	20%	5%

　期待値計算を行うことは想像できますが、モデル化を含めてどのような形で仕入れ個数を決定することが適当でしょうか（モデル化の一案を含めて、詳しくは5章4節を参照）。

　打率3割8分の打者が1シーズンを通して打率4割で終了するためには、あと2分であるにもかかわらず、意外と困難なことのようです。これを客観的に説明できるでしょうか（正規分布の説明を含めて、7章4節を参照）。これは野球ばかりでなく、他の可能性の問題にも応用できる話題です。

　公共料金や携帯電話料金をはじめ多くの利用料金には、様々な料金プランがあるのが普通です。冷静に分析して、その中から最適なプランを選択する基本的な発想を説明できるでしょうか（関数のグラフを含めて、3章1節を参照）。

　25人の新入社員について、5人ずつチームを組んで仕事をさせる場合の能力を測りたいとします。6日間の実験で、毎日5人ずつ5つのチームで仕事をさせます。そして公平性の観点から、25人から勝手に2人を選んだとき、その2人が同一のチームで一緒に仕事を行うのは、6日間の実験期間でちょうど1回だけあるようにしたいのです。さて、どのような計画を立てると実現できるでしょうか（組合せ論からの背景を含めて、6章3節を参照）。また、このような計画は一般化できるでしょうか。

第1章
基礎的な発想を身に付けよう

1　言葉の定義と意味を大切にしたい

　数学の世界で「定理」と呼ばれるものは、数限りなくあります。その中で最も応用されているものは、中学校で学ぶ三平方（ピタゴラス）の定理です。直角三角形の斜辺の長さを c、他の2つの辺の長さを a、b とするとき、

$$a^2 + b^2 = c^2$$

が成り立つことです。

　ここで直角三角形といえば、誰もが「1つの角が直角の三角形」を想像します。人によって想像するものが異なることはありません。だからこそ、厳密な議論が成り立つのです。

　およそ厳密な報告書の作成などのように、曖昧な面を除いて議論を積み重ねなくてはならない場面では、数学に限らず用語で誤解が生じてはなりません。お寿司屋さんでの一貫や二貫での誤解は笑い話で済みますが、言葉の解釈を巡る誤解が思わぬトラブルを生じさせることがあります。2つの例を挙げましょう。

　1つは、警察庁が発表している自殺者の数です。これは2009年以降、連続して減少しており、明るい話題の

ように感じます。ところが一方で、「変死体」の数は逆に年々増える傾向があります。2003年の自殺者数は約3万4000人で変死体数は約1万4000人であったものが、2012年には前者が約2万8000人で後者が約2万3000人です。

　他の年で比較してもだいたい同じ傾向があり、警察が遺体を発見したときの分類に目を向けてみます。警察は犯罪、変死、自殺を含むその他、の3つに分けますが、最近は遺書などの証拠がないものは自殺ではなく変死として扱う傾向が顕著になってきているそうです。

　したがって現状では、将来を悲観して自殺に追い込まれる人が減少しているという"結論"だけが独り歩きしてはならないでしょう。

　もう1つは、「貧困」です。2016年8月18日放送のNHKの番組で「貧困女子高校生」が紹介され、国会議員をも巻き込んで異なる立場の人たちの間で意見の対立が起こりました。

　貧困の定義を無視して、「貧困であるか否か」の議論が独り歩きしたのです。一方は衣食住に関しても困っている状態を指す「絶対的貧困」の立場から議論を展開し、他方は以下説明する「相対的貧困」の立場から議論を展開したのです。これでは議論にトラブルが生じるのは当然でしょう。

　相対的貧困の意味を説明すると、まず**世帯の可処分所得**とは、世帯の所得（世帯員全員の年間所得の合計）から税金と社会保険料を差し引いた残りの所得のことです。次に世帯の1人当たりの可処分所得を定義しますが、世帯には1人もあれば3人もあれば4人もあるよう

に、その構成人数の世帯員数はいろいろ異なるのが普通です。単純に思い付くことは、世帯の可処分所得を世帯員数で割ることです。

しかし、同じ家の中での生活では共用するものも多く、世帯員数で割ると割る数が大きくなり過ぎると判断できます。そこで現在、国際的に広く採用されている「世帯の1人当たりの可処分所得」は、OECDの**等価可処分所得**というもので、

世帯の可処分所得 ÷（世帯員数の正の平方根）

という式によって与えられるものです。

$$\sqrt{1} = 1, \ \sqrt{2} = 1.414\cdots, \ \sqrt{3} = 1.732\ldots, \ \sqrt{4} = 2$$

なので、1人世帯、2人世帯、3人世帯、4人世帯それぞれの等価可処分所得は、世帯の可処分所得をそれぞれ1、1.414、1.732、2で割った商になります。

たとえば、夫婦共働きの2人世帯の可処分所得が1414万円の場合、その等価可処分所得は1414万円を$\sqrt{2}$で割って、1000万円となります。また、父・母と子2人の4人世帯の可処分所得が1000万円の場合、その等価可処分所得は1000万円を2で割って、500万円となります。

次に国民全体の等価可処分所得を大小の順に並べて、その「中央値」の半分に満たない人たちを相対的な貧困層と捉え、その割合をOECDの**相対的貧困率**と定義するのです。

上の話題は、**絶対**と**相対**の違いを確認せずに議論を展開したことによるトラブルですが、とくにビジネスの場

面においては言葉の定義と意味を大切にしたいものです。

　ちなみに拙著『かしこい人は算数で考える』（日経プレミアシリーズ）では、そのように大切にしたい様々な言葉を紹介しています。

2　定理や公式は深く理解すべき

　プロ野球の捕手が登板直前の投手を見るとき、競馬の騎手が出走直前の馬を見るとき、カーレーサーがスタート直前の車を見るとき、そのような状況でプロの人たちはコンディションの微妙な変化を見抜くものです。

　それは、それぞれが投手、馬、車をよく理解しているからこそできる技であって、素人では重大な事故に発展しかねない異変すら見抜けないこともあるでしょう。

　翻って数学の定理や公式について考えてみると、よく理解しないまま応用しても"怪我"をすることはありません。私の立場からすると、数学では怪我をしないのを好いことにして、理解しないまま無謀な応用がしばしば行われているように思います。

　以下、そのような状況が分かるようないくつかの例を挙げましょう。

　連立1次方程式は様々な分野で用いられており、数値解析学の成果として、コンピュータでくり返し計算して解の近似値を求める反復法はよく用いられています。このような計算の途中で0に近い数で割る場面があると、近似値とはいえ実際の値と大きく異なる場合も起り得ます。

何らかの傾向を直線で表す回帰直線をパソコンで求めるようなとき、データ数が少なくても回帰直線の方程式は出ます。だからといって、それを用いて議論を展開することは危険です。とくに相関係数が0に近い、すなわち2つの変量の関係があまり明確でない場合は、1つのデータが加わるだけで回帰直線の傾きの正負が反対になることもあり得ます。

　いくつかの変数をもつデータを座標空間上にプロットして、近い（似た）データ同士を類別して議論を展開したいときがあります。そのようなときに多変量解析のクラスター分析というものをよく用いますが、怖いのはわずかなデータが加わるだけで、分類結果が大きく異なる場合もあり得ることです。

　道具として用いる数学の定理や公式は、なるべく深く理解したいものです。

3　抽象的な概念はそれだけ応用が広い

　1970年代前後に、「人間の感性の位相は……」とか「知の基底を固定して考えると……」などというような奇妙な表現が流行ったときがありました。それらの言葉は相手を黙らせる効果はあるものの、実態は位相だの基底だのといった数学用語をあちこちに混ぜて頓珍漢な表現をしているだけで、決して抽象化とか一般化といった類のものではないと思っていました。

　実際、『国語辞典』（岩波書店）によれば、「抽象」とは「多くの物や事柄や具体的な概念から、それらの範囲の全部に共通な属性を抜き出し、これを一般的な概念と

してとらえること」で、「一般」とは「特殊の物・事・場合に対してだけでなく、広く認められ成り立つこと」です。

　もちろん、冒頭に挙げたような奇妙な表現はとうの昔に廃れましたが、抽象的な表現とは具体的に伝えたい表現をぼかして述べることだと思っている人たちは少なくないようです。

　ここで「抽象化」や「一般化」の意味を説明しましょう。３つのドングリに２つのドングリを加えると５つのドングリになったり、３匹の金魚に２匹の金魚を加えると５匹の金魚になったり、３ドルに２ドルを加えると５ドルになったりします。それらは「３＋２＝５」という式に抽象化して表現できます。

　そしていったん抽象化すると、３ｇの水に２ｇの水を加えると５ｇの水になったり、３人の小学生に２人の小学生を加えると５人の小学生になったりするような具体例も、その式が意味することから分かります。

　また、小学校の算数で鶴亀算や植木算や年齢算などを学びます。それらは中学校で、文字を用いた１次方程式の解法という形に一般化して学びます。

　そしていったん一般化すると、旅人算や仕事算も１次方程式で解けることが分かります。

　およそ数学の歴史を振り返ると、そのような抽象化や一般化によって発展してきた側面もあります。それは、何らかの性質や解法を一度、抽象化や一般化をしておくと、それによって応用の範囲が広がって、思わぬ場面でも使えるメリットが生じるからです。

　ところが現実を見ると、とくに日本では数学かビジネ

スのどちらかに明るい人は多いものの、それら両方に明るい人は少ないように感じます。それゆえ、せっかくのチャンスを無駄にしていることもあるでしょう。2章以降の内容は、そのようなチャンスをものにするためのヒントを、いろいろな角度からまとめてみたものです。

最後に、私自身が実践している要点を述べましょう。新たに抽象化や一般化した内容を学んだとき、そのままにしないで速やかに、その内容が含む面白い応用例はないだろうか、と自問することです。

4　数字だけではなく、視覚的にとらえる

小学校の算数文章問題で、距離や金額などを比較する問題は複数の棒を用いて考えたり、人や数の集まりの問題は集合の図（ベン図）を用いて考えたりすると、効果的であることを学びました（下図参照）。

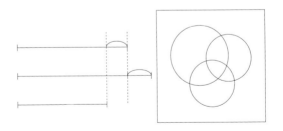

もちろん図を用いて考える発想は、何も算数に限定して考えるものではありません。かつて数学者デカルト（1596—1650）は軍隊生活を送っているとき、天井をはっているハエをベッドの上で見つめていて座標平面を思

い付いたそうです。このメリットは計り知れないものです。

たとえば、よく知られている関数 $y = x^2$ は、$x = 0$ のとき $y = 0$、$x = ±1$ のとき $y = 1$、$x = ±2$ のとき $y = 4$、$x = ±3$ のとき $y = 9$、$x = ±4$ のとき $y = 16$、……となるように、x の値の絶対値が大きくなると y の値は急に大きくなることが計算からも把握できます。

ところが座標平面上のグラフを用いると、図のように関数の変化の様子が全体的に見て把握できるのです。

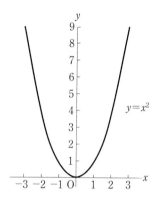

ここで、図を描いて検討することの長所を分類してみると、以下の4つがあると考えられます。

> （Ⅰ）図を描くことによって、ミスのない思考をする
> （Ⅱ）実際に検討したいものの一部分を、図で描いて扱いやすい大きさに表現する
> （Ⅲ）良いアイデアを生み出すためのヒントを模索する
> （Ⅳ）各種の統計的なデータを整理して、グラフなどで図示することによって何らかの傾向を視覚的につかむ

それぞれの例を挙げましょう。（Ⅰ）の例として樹形図を挙げます。図のような路線図があるとき、出発地Aから到着地Fに至るルートは何本あるか求めてみましょう。ただし、同じ地点は2度通らないものとします。

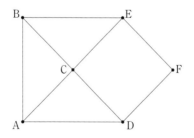

このような問題を考えるとき、よく図の線上を何度も鉛筆でなぞる人もいますが、見にくくなって後で確かめることが難しくなってしまいます。

もし、次のように**樹形図**を用いて数えると、見やすく

考えることができ、確かめることも容易です（答えは10本）。

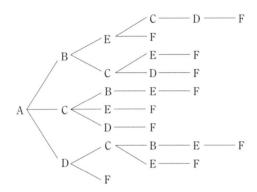

（Ⅱ）の例として、次の図によって富士山頂からの視界を考えてみましょう。なお、富士山の高さ h は 3.8 km とし（実際は 3776 m）、A は山頂とします。

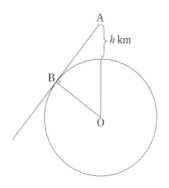

図において、B は A から見渡せる最も遠い地上の点で、O を地球の中心とします。地球の半径を 6400km と

して、ピタゴラス（三平方）の定理

$$\overline{AB}^2 + \overline{BO}^2 = \overline{AO}^2$$

を用いると、

$$\overline{AB}^2 = 6403.8^2 - 6400^2$$

$$\overline{AB}^2 = 48654.44$$

$$\overline{AB} \fallingdotseq 220.58 \,(\mathrm{km})$$

となるので、約220kmの視界があることが分かります。

　（Ⅲ）の例として、次の知り合いか否かの人間関係を考えてみましょう。A、B、C、D、E、F、G、H、Iの9人に関して、AとB、AとC、BとC、CとD、BとF、DとE、EとF、DとG、EとH、FとI、GとH、HとIの12組が互いに知り合いで、他の知り合いの組はないとします。

　このとき、最も縁遠い組を探してみましょう。なお、より縁遠い組とは、（知り合い）より‘（知り合い）の（知り合い）’の組の方が縁遠く、それよりも‘（知り合い）の（知り合い）の（知り合い）’の組の方が縁遠く、……と考えます。

　知り合いの12組の関係を図のように表すと、AとHだけが‘（知り合い）の（知り合い）の（知り合い）の（知り合い）’の関係であることが分かります。

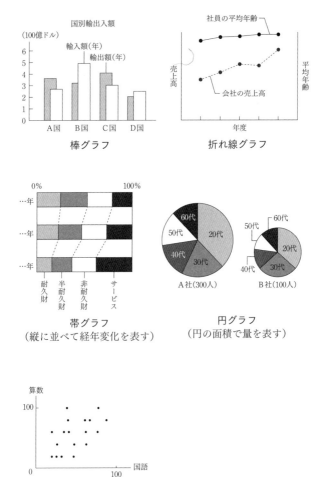

第1章 基礎的な発想を身に付けよう　29

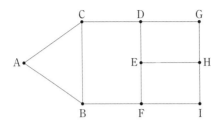

（Ⅳ）の例としては、算数で学ぶ**棒グラフ、折れ線グラフ、帯グラフ、円グラフ**、あるいは**相関図**などがすぐに思い付くでしょう。

5　微分積分に対する意識過剰は考えもの(☆)

経済学や経営学の本を手にすると、限界消費性向、限界貯蓄性向、限界費用、限界利益などの言葉を目にします。「**限界〜**」という言葉は、微分の概念に他なりません。とはいっても、数学における微分の概念より大雑把に用いる場合が少なくありません。

両者の違いを視覚的に説明すると、関数 $y = f(x)$ のグラフの $x = a$ における接線の傾きが数学の方で（図（ア）参照）、x が a から $a+1$ に動くときの y の平均変化率（図（イ）参照）

$$\frac{f(a+1) - f(a)}{(a+1) - a} = f(a+1) - f(a)$$

が大雑把な方です。

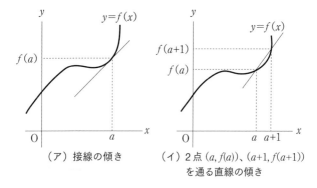

（ア）接線の傾き　　（イ）2点 $(a, f(a))$、$(a+1, f(a+1))$
を通る直線の傾き

　（イ）の方をもう少し詳しく説明すると、x に相当するものが1単位増えると、それに伴って増える y の増加分のことです。具体的に x をアルバイトの人数として限界利益で説明すると、アルバイトが a 人から $a+1$ 人に増えたときの利益はどれだけ増えるのか、ということになります。もちろん、a の値によって利益の増加分は違うものになります。

　次に、商品について、

粗利益 = 売上高 − ［商品の仕入れや製造時の費用］

ですが、商品の販売価格と粗利益の関係は、次のようなグラフになることが想像できます。

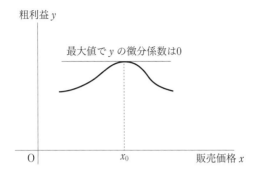

もし、上記の曲線が何らかのデータからモデル化して得た関数 $y = f(x)$ のグラフならば、粗利益 y の最大値を与える x の値 x_0 は、y の微分係数（接線の傾き）が 0 となる x の値です。もっとも微分を知らなければ、y が最大に近い範囲にある x の値を調べればよいことになります。

私が「ビジネスにおいて微分積分も大切である」とする中心的な内容は上記のことではなく、**ロジスティック曲線**と呼ばれるものです。以下これについて、なるべく微分積分の記号を回避する形で説明しましょう。なお、本書で微分積分が登場するのは本節だけです。それらに違和感のある読者は、適当に読み飛ばしていただいて、本節の（2）式から読んでいただければ幸いに思います。

1798 年にマルサスが『人口論』で述べた「人口は制限されなければ、幾何級数的に増加する」という言葉の数学的な本質は、以下のことです。時刻 t における人口を N とすると、$\dfrac{dN}{dt}$ という微分の記号は、時刻 t における瞬間の人口増加速度を表します。そして、この増加速度はその瞬間の人口に比例すると仮定します。

これは数式で、

$$\frac{dN}{dt} = rN$$

と書きますが（r は比例定数）、微分方程式を解くことによって、

$$N = Ce^{rt} \quad \cdots(1)$$

と表せます（途中式は省略）。ここで C は具体的な状況によって定まる定数で、e は**自然対数の底**と呼ばれる数です。ちなみに e は、

$$\left(1 + \frac{1}{1}\right)^1, \left(1 + \frac{1}{2}\right)^2, \left(1 + \frac{1}{3}\right)^3, \left(1 + \frac{1}{4}\right)^4, \cdots$$

という数列が限りなく近づく値で、

$$e = 2.7182\cdots$$

となります（e は無理数）。

（1）式こそが『人口論』で述べた内容の本質で、$r > 0$ のときそのグラフは次のようになります。

第1章 基礎的な発想を身に付けよう

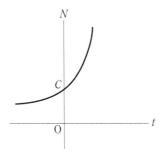

　その後1838年に数理生物学者ヴェアフルストは、「人口Nの増加率は現在の人口Nの2乗に比例する抵抗hN^2を受ける」というモデルを考えました。これを数式で表すと

$$\frac{dN}{dt} = rN - hN^2$$

となり、$k = \dfrac{r}{h}$とおいて微分方程式を解くことによって、

$$N = \frac{k}{1+e^{a-rt}} \quad (a：定数) \quad \cdots(2)$$

と表せます（途中式は省略）。(2)をグラフで表すと、ロジスティック曲線と呼ばれる次のような曲線になります。

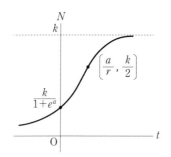

なおグラフにおいて、点 $\left(\dfrac{a}{r}, \dfrac{k}{2}\right)$ はいわゆる**変曲点**です（傾きが増え（減り）つつある状況から減り（増え）つつある状況に変わる点）。

ロジスティック曲線は、個体数の分析ばかりでなく、新しい製品の市場規模の分析にも適用されるようになっています。(2) において k は限界市場規模となります。

実際には、得られた各種のデータから定数 k、a、r を適当な方法で定め（ロジスティック回帰分析）、それによって現状が変曲点 $\left(\dfrac{a}{r}, \dfrac{k}{2}\right)$ に達していないと判断すれば、強気に対処してよい時期であると考え、変曲点 $\left(\dfrac{a}{r}, \dfrac{k}{2}\right)$ を過ぎていると判断すれば、慎重に対処すべき時期に差し掛かっていると考えるのです。

およそ微分積分を知らなくても、(2) 式とそのグラフを頭に入れておけば、既存の類似商品や先行する他国での状況などから (2) 式における k、a、r などを大雑把に定めて、今後の判断材料にできるはずです。

本節で触れた微分積分の内容については、自然対数 e の詳しい説明も含めて拙著『新体系・高校数学の教科書（上・下）』（講談社ブルーバックス）で説明した内容で理解できます。この２冊については、元外務省主任分析官

の佐藤優さんに「週刊東洋経済」2010年4月10日号、4月17日号で2週連続で大きく取り上げていただきましたが、『新体系・中学数学の教科書（上・下）』と合わせて学び直しに関する拙著の柱といえます。

6　2種類ある説明の仕方

　東京スカイツリーから約70km離れている町に住む人が、「晴れた日には、我が家の2階部分からスカイツリーの先端部が見えますよ」と言ったとします。その人がよく嘘をつく場合、本当かどうか怪しく思うことが普通でしょう。

　そのようなとき、発言が正しいことを確かめるためには2つの方法が考えられます。一つは、近所に住む何人もの人たちから同じ発言を聞くことです。もう一つは以下のように、スカイツリーの先端部分からの視界が約90kmであることを納得する方法です。

　地球は半径がおよそ6400kmの球体とし、Aは地上634mのスカイツリーの先端部分、Oは地球の中心、BはAから見渡せる最も遠い地上の点とします。このとき、本章4節の（Ⅱ）で示した考え方を用いると、AB間の距離は約90kmになります。

　次に、厚底サンダルは危険であることを説明する場合、転んで怪我をした実際の人数を示す場合と、重心が高くなって不安定になることを強調する場合があります。

　上で述べてきたことから分かるように、一般に物事を説明する場合、「データ」を使うものと、図形を含めた

「理由」を使うものの2つがあることに留意しましょう。もちろん、それら両方の立場から説明できれば、より効果的になります。

その一例として、一定の速度で走っている自動車がブレーキを掛けてから止まるまでの制動距離は、速度の2乗に比例することを2通りの方法で説明しましょう。なお、運転者が危険を察知してからブレーキを掛けるまでの空走距離は考えていません。

自動車の速度に対する制動距離は車種や路面状況によってだいぶ異なりますが、全日本交通安全協会「交通教本」などを参考にすると、およそ次表に近いものになります。

自動車速度（km/h）	20	40	60	80	100
制動距離（m）	4	11	28	54	87

表をグラフにすると、放物線を連想するものになります。

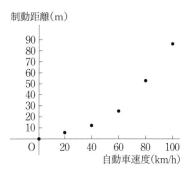

一方、自動車を水平面上にある質量 m（kg）の物体とみなすと、重力 mg（g は重力加速度 $9.8\,\mathrm{m/s^2}$）と同

じ大きさの垂直抗力 N が働いています。そして、その物体を走らせるとき、走る向きと反対方向の動摩擦力

$$F = \mu N$$

が働きます（μ は動摩擦係数）。ここで物体の走る向きの加速度を a（m/s²）として、ニュートンの運動の第2法則を用いると、

$$ma = -\mu mg \ 、 よって \ a = -\mu g$$

を得ます。それゆえ物体の初速度が v（m/s）ならば、停止するまでの時間 t（s）は

$$t = \frac{v}{\mu g}$$

となります。その間の平均速度は $\frac{v}{2}$（m/s）なので、停止するまでに物体が走った距離 l（m）は、

$$l = \frac{v}{2} \times \frac{v}{\mu g} = \frac{1}{2\mu g} v^2$$

になります。

すなわち、l は v^2 に比例するのです。

7　数学の発想で理解するマーケティング

消費者のニーズや価値観が多様化している現在は、かつてのように1つの製品を大量生産して販売するのではなく、それぞれの企業が自社の強みを活かす製品をマッチした対象に提供する時代になりました。そこで、市場

を細分化する**セグメンテーション**によって、ターゲットにする対象を絞ることになります。地理的な分割、年齢や性別や所得などによる人口統計的な分割、性格などの心理的分割、購買傾向などの行動的な分割などによって絞ることになるでしょう。

そこで大切だと考えることは、他人や他社のまねをするだけのセグメンテーションよりも、自分自身の発想によるセグメンテーションが成功の鍵となるのではないか、ということです。それは数学の世界を見ていると、問題を解決するために、対象とする領域を斬新な方法で分割し、分割したそれぞれの部分で鮮やかに解決した研究をいくつも見てきたからです。

輸血に関しては人の集合をA、B、AB、Oの血液型によって分割するのが適当ですが、性格に関してはその分割は不適当です。そのように、同じ集合についても分割は時と場合によっていろいろ工夫することが大切です。

例として、2019年の元日は火曜日です。その日から4

年後の 2023 年の元日は何曜日かを考えると、その間にうるう年は 2020 年の 1 回です。また 1 週間は 7 日で、365 を 7 で割ると 1 余るので、2020 年の元日は 2019 年の元日から 1 日分曜日が進み（水曜）、2021 年の元日はさらに 2 日分の曜日が進み（金曜）、2022 年の元日はさらに 1 日分の曜日が進み（土曜）、2023 年の元日はさらに 1 日分曜日が進みます。したがって、2023 年の元日は日曜日になります。この例は、1 年を曜日によって 7 つに分割したことが適当でした。

次に、新たな商品を市場に投入しようとするとき注意すべきことは、本章 5 節で述べたロジスティック曲線を参考にして、市場は**導入期**か、**成長期**か、**飽和期**か、**衰退期**かを慎重に判断することです。

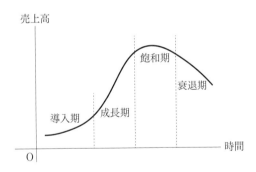

ここで参考までに、ロジスティック曲線では衰退期はありませんが、それを修正した**修正ロジスティック曲線**では衰退期も考えています。

最後に、市場を調査するときの調査方法は本章 9 節、そして様々な戦略についての基礎は、5 章 8 節で紹介するゲーム理論の発想をそれぞれ参考にしてください。

8 順序付けで注意すべきこと

　一般に、スポーツ競技で判定に不満が起こるのは美を競う種目に多く、反対に時間や距離を競う種目ではほとんど起こりません。その現象の本質は、数直線上の点に関しては大小の順序が付くものの、演技の美に関しては元来順序が付かないからです。

　しかし、一般にビジネスにおいては様々な順序付けが要求されます。債券の格付け、社員の人事考課、顧客の序列、等々。そしてそのような順序付けにおいては、いくつかの評価項目 $A_1, A_2, \cdots, A_n$ に関してそれぞれを評価する数値を $x_1, x_2, \cdots, x_n$ とし、**重み** $a_1, a_2, \cdots, a_n$ をそれぞれに付けて合計の数値

$$a_1 x_1 + a_2 x_2 + \cdots + a_n x_n$$

によって順序を決めることが多いのです。

　たとえば、A_1 を身長、A_2 を体重、a_1 を 1、a_2 を 2 とすると、x_1 が 170 cm で x_2 が 60 kg の人は、

$$170 + 2 \times 60 = 290$$

という数値を付けることになります。

　およそスポーツ競技でのルールの変更が行われるときは、重み $a_1, a_2, \cdots, a_n$ の変更がよくあります。かつて日本が得意とした種目が急に不振に陥ったとき、その原因を探ると重みの変更であったことは、スキーのノルディック複合をはじめいくつかあります。

　ところで、対象となるものを数値化したとき、その数

値全体の分布が山型をした正規分布（7章4節を参照）のようになる必要はありません。とくに日本人は正規分布信仰のようなものを強くもっていて、その意識が問題の処理を難しくしている場合があります。

　たとえば、入学試験の成績によって受験生の合否を決めるとき、ボーダーライン近辺に受験生が集中するのではなく、むしろまばらな方がよいのです。すなわち、得点分布に2つの山ができ、それらの谷の辺りにボーダーラインがくることが理想なのです。ところが、正規分布信仰が災いし、そのような得点分布を問題視する人たちが多くて残念でなりません。

　大切なことは、人間の個性や能力に順序を付けることは、あくまでも仕方なく無理をして行っているということです（下図参照）。それを踏まえた上で、課題の処理をしやすい順序付けもするに越したことはないのです。順序付けに謙虚な心が求められるのは、それゆえでしょう。

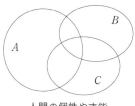
人間の個性や才能

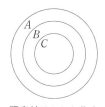
順序付けられた集合

9 統計調査の方法とモラル

日本は 20 世紀後半から 21 世紀にかけて様々な分野で規制緩和、自由化が進みました。それによって供給側（生産者側）から需要側（消費者側）へ軸が移り、消費者ニーズをなるべく商品企画に反映させなくてはならなくなりました。当然、消費者ニーズを統計的に調べる必要性は高まりましたが、統計調査の先進国であるアメリカと比べ、統計分析に関するモラル面での問題意識が不足しているようです。

およそ誰でも思い付くことは、偏りのないデータをなるべく多く集めた方がよい、ということです。しかしながら A か B どちらかを支持させるアンケートを 1 千人と 1 万人を対象に行った結果、1 千人調査では A が 528 人、B が 472 人、1 万人調査では A が 5,103 人、B が 4,897 人という結果になったとしましょう。この場合、「1 千人調査からは A が 53 ％、1 万人調査からは A が 51 ％なので、1 千人調査からは A が有利といえるものの、1 万人調査からは微妙であるとしかいえない」と思う人たちは意外と多いようです。

ところが有意水準（5 章 6 節を参照）、すなわち判断を誤ってしまう確率の精度の基準を、よく使われる 5 ％に設定して考えると次のことがいえます。「A と B の支持する割合は半々である」という仮説を棄却できるのは、1 万人調査の上記データであって、1 千人調査の上記データからは棄却できません。

すなわち、1 万人調査のデータからは「A が有利」と

いえ、1千人調査のデータからは「Aが有利」とはいえないのです。偏りのないデータを多く集めることに越したことはないのですが、有意水準を設けて分析することも忘れてはなりません。

有意水準は5％のほかにも、0.1％、1％、10％などいろいろな数値が用いられます。注意すべきことは、どの数値を用いたとしても、集めた統計データを検討した後から主張したいことを導けるような有意水準を設定してはならないのです。それが科学に対する一つのモラルでしょう。参考までによく使われる5％は、農業研究人生を20年間として、その間に1度起こるか否かのことが起こったならば何らかの意味がある、という考えが起源のようです。

さて統計分析では、統計調査以前の段階で重要な問題があります。それは質問の「方法」と「仕方」です。調査票を一定期間後に回収する留め置き調査法、全員集めて同時に回答させる集合調査法、個人別に尋ねる面接調査法、その他にも郵便調査法、電話調査法、インターネット調査法など様々な質問の方法があります。それらは費用、回収率、信頼度などを考えると、一長一短でしょう。また調査方法によって、結果が大きく異なることもあります。

質問の方法も重要な問題ではありますが、質問の仕方はより重要な問題であると考えられます。それは以下の例からも分かるように、調査結果に重大な影響を与えるからです。

（1）世界中から日本の景気回復が期待されている
　　　状況を説明した上で、さらなる景気対策の是非
　　　を質問する場合と、日本の国債や地方債の残高
　　　を説明した上で、さらなる景気対策の是非を質
　　　問する場合
（2）先に趣味を尋ねた後に購入したい品物を尋ね
　　　る場合と、先に購入したい品物を尋ねた後に趣
　　　味を尋ねる場合
（3）会社内で調査するとき、上司を気にしなくて
　　　もよい場合と気にしなくてはならない場合
（4）時間を十分にかけて質問する場合と、急いで
　　　手短に質問する場合

　上の4つの例に関して、（1）では誘導的な質問、（2）
では質問の順序、（3）では本音と建前、（4）では質問時
間が、それぞれ大きな問題になることを示しています。
　1998年に日米EU3極は「臨床試験のための統計的原
則」を定め、新医薬品の開発には適切な資格と経験をも
った統計専門家を参画させることになりました。それは
補遺も行われたりして、世界共通のガイドラインとして
発効していますが、そのような流れは医薬ばかりでなく
様々な分野にも波及するはずです。それゆえ統計分析で
のモラルは、今後より広く大切にすべき課題になるでし
ょう。
　最後に、自然科学の実験ならいざ知らず、人間の意識
に関する統計調査結果は時代の流れとともに変化してい
くものであることを留意すべきでしょう。

第1章　基礎的な発想を身に付けよう　　45

　私自身、1996年9月2日の「くじの日」にフジテレビ「めざましテレビ」に出演して、事前の調査結果から次のことを話しました。ナンバーズ4宝くじについて4月12日を表す「0412」のような日にちに関係する4ケタの数字が当選番号になると賞金額は低い傾向があり、反対に7879とか5669のように、重複のある数字を含んで5以上の数字だけで構成される4ケタの数字が当選番号になると賞金額は高い傾向がある。

　20年もの年月が過ぎたこともありますが、最近の当選番号については必ずしも適さない例が増えてきたように感じます。

10　適当な数学モデルと不適当な数学モデル

　本書では、次章から様々な数学モデルを紹介していきますが、数学モデルを通しての結果が現実にマッチすればするほど、適当なモデルであると判断されるでしょう。反対に現実と懸け離れた結果が導かれてしまうと、その数学モデルは不適当なものであると判断され、用いた数学モデルは部分的に修正したり、抜本的に見直したりすることになるでしょう。

　すなわち検討している数学モデルに対しては、当面の課題を解決するために適当なものであるか否かを常にチェックする心構えが求められるのです。このことを理解するために2つの例を挙げましょう。

　一つは、猫が高い所から落下した場合です。重力加速度を $g = 9.8$（m/s^2）とすると、物体を静かに落としたときの t 秒後の速度 v（m/s）および落下距離 d（m）

は、

$$v = gt \,、\, d = \frac{1}{2}\,gt^2 \quad \cdots(\text{☆})$$

で与えられます。

たとえば、44.1 m の高さからパチンコ玉を静かに落下させると、

$$44.1 = 4.9 \times t^2$$

から $t = 3$ を得ます。したがって、パチンコ玉が地面に衝突するときの速度は、およそ

$$v = 9.8 \times 3 = 29.4 \,(\text{m/s})$$

となります。ここで、

$$秒速\; 30\,(\text{m}) = 時速\; 30 \times 60 \times 60 \div 1000\,(\text{km})$$
$$= 時速\; 108\,(\text{km})$$

なので、約 44 m の高さからパチンコ玉を静かに落下させると時速 100 km ぐらいで地面に衝突することになり、これに対して大きな疑問はもたないでしょう。

しかし、猫が地上約 250 m のビルの屋上から落下したとして、同様な計算を行うとどのようになるのでしょうか。

$$250 = 4.9 \times t^2$$

から $t \fallingdotseq 7.14\,(\text{s})$ となって、

第1章 基礎的な発想を身に付けよう 47

$$v = 9.8 \times 7.14 \fallingdotseq 70 \quad (\text{m/s})$$
$$v = 70 \times 60 \times 60 \div 1000 \quad (\text{km/h})$$
$$\quad = 252 \quad (\text{km/h})$$

を得ます。

これは、新幹線の速さに近い時速252kmで地面に衝突することになります。

ところがニュースにもなったことですが、1994年の夏にアメリカでビルの50階から落ちた猫が助かり、1998年の夏に同じアメリカで竜巻に巻き込まれた猫が6km先に無事着地したのです。実は、猫は20mから50mぐらいの高い所から落ちる場合は危険であるものの、それ以上の高い所から落ちる場合は、空気抵抗を利用して落下速度を一定以上大きくしないようにして、その間にベストの体勢をとって着地に備えるそうです。

要するに、猫の落下に関しては、落下の公式（☆）による数学モデルは不適当なのです。そこで猫に関しては、（☆）に空気抵抗を加味した数学モデルを考えなくてはなりません。

もう一つの例は、マンション投資です。よく見掛ける利回りの式として、

実質利回り ＝（家賃収入 − 諸経費）÷ 物件購入価格
…（＊）

があります。いま、1年間の家賃収入が120万円、1年間の諸経費が20万円、物件購入価格が1000万円とすると、1年間について、

$$実質利回り = (120 - 20) \div 1000 = 0.1 = 10（％）$$

となります。超低金利時代に年10％の利回りはおいしい投資となるでしょう。

　しかし、そのマンションは常に満室なのでしょうか。その近所に素敵な賃貸マンションが建てば、数学モデルの式（＊）は不適当なものになり、抜本的な見直しが求められるでしょう。

第2章
算数の応用で差をつける

1　2通りに数えて確かめる

　今の大学生を昔と比べて思うことの一つに、アルバイトが盛んになっていることがあります。そこで事前に調整しない限り、10人前後のゼミのメンバーで食べ歩きに出掛けることは困難になってきました。一方で、アルバイトの「シフト」という言葉をよく聞きます。

　次の表は、A、B、C、D、E、Fの6人をアルバイトとして雇っている店の毎週のシフト表です。

	日	月	火	水	木	金	土	計
A	●		●		●	●		4
B	●	●		●	●		●	5
C				●		●	●	3
D			●	●		●		3
E	●	●			●	●	●	5
F	●		●				●	3
計	4	2	3	3	3	4	4	23

　明らかなことですが、右下の23を除く右端の数字の和と、右下の23を除く下段の数字の和は等しいです。また上の表の●に、各々の勤務時間を書き入れた次の表を考えてみます。

	日	月	火	水	木	金	土	計
A	3		4		5	3		15
B	3	6			4	4	4	21
C				6		5	5	16
D			5	4		4		13
E	3	4			3	3	3	16
F	5			4			4	13
計	14	10	13	14	12	15	16	94

　この場合も、右下の94を除く右端の数字の和と、右下の23を除く下段の数字の和は等しくなります。

　上で述べた2つの等式は、見直しのチェックをするときに応用できます。さらに、たとえば次の表に記載されている社員の住所地の人数が正しい場合、ア、ケ、コ、ク、カ、ウ、エ、イ、キ、オの順に数字を求めることができ、表を完成させることもできます。

	東京	神奈川	埼玉	千葉	計
20代	15	ア	24	21	78
30代	イ	21	ウ	エ	73
40代	オ	17	15	14	カ
50代	キ	15	15	14	61
60代	10	8	2	4	ク
計	77	ケ	75	69	コ

　いわゆる「就活」の適性検査に、上で述べたような2通りに数えて確かめる表の問題がときどき出題されるのは、その発想が実際にビジネスの場面でも用いられるからでしょう。

　実は数学の一分野に離散数学というものがあり、その

第2章 算数の応用で差をつける　51

分野の基礎的で大切な定理は本質的にその発想が根本にあります。その一つを理解できる応用問題を次に紹介します。

いま、あるパーティー会場に集合した50人のうち23人は「自分はこの中でちょうど11人と互いに知り合いです」と言い、残りの27人は「自分はこの中でちょうど14人と互いに知り合いです」と言ったとします。このとき、嘘をついた人は必ずいることが分かります。

その説明をするために、下図によって具体例から一般的な性質を述べましょう。

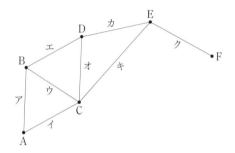

上図で、A、B、C、D、E、Fはある集会に参加した6人とします。またア、イ、ウ、エ、オ、カ、キ、クは、その集会の前に互いに知り合いであった関係すべてとします。そして上図の関係を表にすると、次のように表せます。

	ア	イ	ウ	エ	オ	カ	キ	ク	計
A	○	○							2
B	○		○	○					3
C		○	○		○		○		4
D				○	○	○			3
E						○	○	○	3
F								○	1
計	2	2	2	2	2	2	2	2	16

表において、右下の 16 を除く下段の数はすべて 2 であることに注目してください。したがって、右下の 16 を除く右端の数字の和は必ず偶数になるのです。上記の性質は、互いに知り合いであるか否かの一般の人間の集合に適用できることが分かるでしょう。

そこで、当初のパーティー会場での話題に適用すると、

$$11 \times 23 + 14 \times 27$$

は偶数でなければなりません。ところがこの数は

$$253 + 378 = 631$$

で、奇数になるので矛盾です。したがって、パーティー会場にいる誰かは嘘を言っているのです。

2 アナログとデジタルの違いに注意

計算機の発達にともなって、アナログとデジタルという言葉は広く浸透しました。本節では、それぞれの型の数字表現の意味を復習し、注意すべき点をまとめましょ

う。

　長さ、成長率、時間などのように物理的な量を表す数を**アナログ型の数**といいます。それについては、常に「有効数字は何ケタか」ということを忘れてはなりません。人間の身長は朝と夜で1cm前後違う、裏経済の実態を考えれば国内総生産（GDP）の3ケタ目どころか2ケタ目もあやしい、列車の所要時間で秒の単位を言っても始まらない、などからも分かるように、一般に3ケタ目まで正しく測定することは意外と難しいのです。それゆえ、有効数字に関しては2ケタや3ケタが多く使われているのです。

　もちろん例外もあります。その一つとして人工衛星を利用したGPS測定があります。民生用と軍事用で精度は異なりますが、有効数字に関しては7ケタぐらいもあります。GPS測量は、地上に多数設置されているGPS観測点に人工衛星から信号電波を送り、電波が到着するまでの時間を測定することによって位置を決定するもので、カーナビゲーションや地殻変動の検出にも応用されています。

　次に、電話番号やバーコードなどのように記号の列と見なせる数を**デジタル型の数**といいます。それについては有効数字はなく、構成しているすべての要素が意味をもっています。たとえば2006年まで使われていた（旧）ISBN記号（国際標準図書番号）について、

　　　　ISBN4－320－01535－5

という書籍で説明すると、最初の数字4は国籍を表しています。そして最初のハイフンの後の数字320は出版社を表しています。そして次のハイフンの後の数字01535

は書籍自体を表しています。最後の数字 5 はチェックのための数字です。

ISBN 記号は、途中のハイフンを無視すると次の仕組みをもっています。

$$\text{ISBN } a_1\, a_2\, a_3\, a_4\, a_5\, a_6\, a_7\, a_8\, a_9\, a_{10} \qquad \cdots(1)$$

において、

$$1 \cdot a_1 + 2 \cdot a_2 + 3 \cdot a_3 + \cdots\cdots + 10 \cdot a_{10} \qquad \cdots(2)$$

は 11 の倍数です。なお $a_1, a_2 \cdots\cdots, a_9$ は 0, 1, ……, 9 のどれかで、a_{10} は 0, 1, ……, 9, x のどれかです。ただし、x は計算上は 10 のことです。

ちなみに、上の例で確かめると、

$$1 \cdot 4 + 2 \cdot 3 + 3 \cdot 2 + 4 \cdot 0 + 5 \cdot 0 + 6 \cdot 1 + 7 \cdot 5 + 8 \cdot 3 +$$
$$9 \cdot 5 + 10 \cdot 5 = 4 + 6 + 6 + 6 + 35 + 24 + 45 + 50 =$$
$$176 = 11 \times 16$$

一般にデジタル型の数は、アナログ型に比べてケタ数が多いです。そこで、読み取り時に誤りが起こらないようにすることが大切ですが、その可能性をゼロにすることは困難です。むしろ誤りが起こっても、多少のことならば誤りの存在を認識したり、誤りを修正したりすることが望まれます。

そのような背景から、デジタル型の数に関しては符号理論的な見方が本質なのです（3 章 4 節を参照）。毎日目にする多くの数字表現に対し、それらはどちらの型で、また何を注意すべきか、ということに関心を払いたいものです。

3　図を用いた説明

　本節では、1章4節で紹介した図を描いて検討することの長所（Ⅰ）、（Ⅱ）、（Ⅲ）、（Ⅳ）について、参考になると考える他の例を紹介しましょう。

　（Ⅰ）については、信頼性工学に**故障の木**というものがあります。これはORゲートとANDゲートを組み合わせてトラブルなどの原因を探るときに便利です。

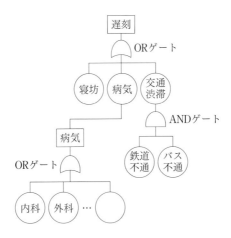

　（Ⅱ）については、1章4節で取り上げたような実際の図形を圧縮して描く図と反対に、実際の図形を拡張して描く図を紹介しましょう。

　それは、交わり具合や交叉具合が見づらい状況で用いるものです。

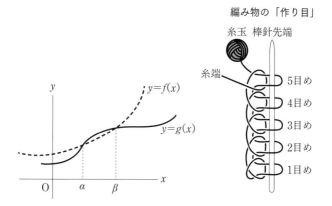

　(Ⅲ)については、生産から小売の段階までを通して考えたいときに用いるとよい図です。

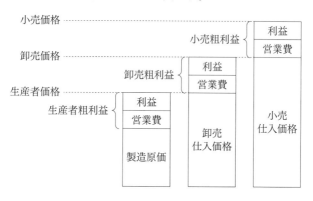

　(Ⅳ)については、格差を論じるときに参考にするとよい指標の**ジニ係数**を紹介します。この考え方は、会社内での年収格差、学校内での学力格差、年齢別の体力格

差など、いろいろ広い対象に同様に使えます。

　ジニ係数を具体例から説明しましょう。いま、国民が
3人で構成されている2カ国ア、イを想定し、それぞれ
の国民の年収は低い方から並べて以下の通りとします
（単位は万円）。

　（ア）300、900、1200
　（イ）200、200、2000
　（イ）国は（ア）国より格差が大きい国だと思うでし
ょう。ただ、どちらの国民の平均年収も800（万円）で
す。

　（ア）国に関して、年収の低い方から1人分の合計年
収は300（万円）で、年収の低い方から2人分の合計年
収は1200（万円）で、年収の低い方から3人分の合計
年収は2400（万円）です。

　xy座標平面において、x座標では人数、y座標では上
記人数分の合計年収を順にとることを考えます。したが
って（ア）国では、次の3点をとることになります。

　　　A(1, 300)、B(2, 1200)、C(3, 2400)。

　さらに原点(0, 0)をO、点(3, 0)をHとし、線分
OC、CH、および折れ線O—A—B—Cを描き込むと図1
のグラフになります。

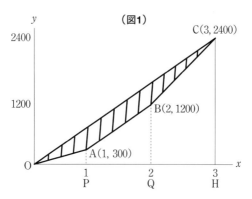

　折れ線 O―A―B―C は 1905 年にアメリカの経済学者マックス・ローレンツが発表したものであり、**ローレンツ曲線**と呼ばれています。

　ジニ係数 g は、ローレンツ曲線を参考にしてイタリアの統計学者コッラド・ジニによって 1936 年に発表された指標で、線分 OC とローレンツ曲線 O―A―B―C で囲まれた斜線の部分の面積を、三角形 OCH の面積で割ったものです。

　いま、点 (1, 0)、点 (2, 0) をそれぞれ P、Q とおけば、次のようにして（ア）国のジニ係数 g が求まります。なお、計算式においては、各図形はその面積を表すものとします。

$$g = \frac{斜線部分}{\triangle OCH}$$

$$= \frac{\triangle OCH - \triangle OAP - 台形BAPQ - 台形CBQH}{\triangle OCH}$$

$$= \frac{3 \times 2400 \div 2 - 1 \times 300 \div 2 - (300+1200) \times 1 \div 2 - (1200+2400) \times 1 \div 2}{3 \times 2400 \div 2}$$

$$= \frac{3600 - 150 - 750 - 1800}{3600} = \frac{900}{3600} = 0.25$$

次に（イ）国についても、（ア）国に対する図と同じ内容のグラフを図2で示し、続けて（イ）国のジニ係数 g を求めると以下のようになります。

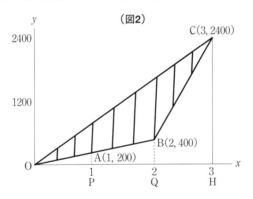

（図2）

$$g = \frac{\triangle \text{OCH} - \triangle \text{OBQ} - 台形\text{CBQH}}{\triangle \text{OCH}}$$

$$= \frac{3600 - 2 \times 400 \div 2 - (400 + 2400) \times 1 \div 2}{3600}$$

$$= \frac{3600 - 400 - 1400}{3600}$$

$$= \frac{1800}{3600} = 0.5$$

　以上から、（ア）国のジニ係数 0.25 から（イ）国のジニ係数 0.5 へ大きくなることは、対応する斜線部分の面積が大きくなることであり、それは格差が大きくなることを意味しているのです。

4　金利計算で必須な端数計算

　小学校の算数では四捨五入、切り上げ、切り捨て、概算などを学びますが、中学数学からの学びではほとんど扱われません。背景には、ぴったり値をマークシート式に採点することが重視されているので、「概算は試験に役立たない」というイメージが定着したことがあるでしょう。しかし実社会で役立つのは、むしろ概算の方です。そこで最初に、**四捨五入、切り上げ、切り捨て、概算**などを簡単に復習しておきましょう。

　43.4327、43.9999、43.0002 をそれぞれ小数第 2 位（以下）で四捨五入、切り上げ、切り捨てをすると、表のようになります。なお表とは別ですが、43.0000 のように、小数第 2 位以下がすべて 0 の場合に限り切り上げ

第2章　算数の応用で差をつける　　61

ても 43.0 です。

	43.4327	43.9999	43.0002
四捨五入	43.4	44.0	43.0
切り上げ	43.5	44.0	43.1
切り捨て	43.4	43.9	43.0

　概算に関しては、足し算・引き算と掛け算・割り算の
2つに分けて行います。前者は、それぞれの数を、求め
ようと思う位までの**概数**に四捨五入してから計算しま
す。たとえば、

　　　　2438129 + 1972063

　　　　2438129 − 1972063

を万の位までの概数で計算すると、

　　　　2440000 + 1970000 ＝ 4410000

　　　　2440000 − 1970000 ＝ 470000

となります。

　掛け算・割り算の方は、求めようと思うケタ数の概数
に四捨五入してから計算し、その結果の積や商を求める
ケタ数の概数で表します。たとえば、

　　　　243.81 × 19.72

　　　　243.81 ÷ 19.72

を上から（上位）3ケタの概数でそれぞれ計算すると、
以下のようになります。

　　　　244 × 19.7 = 4806.8

となるので、答えは 4810 です。

$$244 \div 19.7 = 12.385\cdots$$

となるので、答えは 12.4 です。

　次に、債券の単価から利回りを求めるような計算（4章5節を参照）をいくつかの金融機関に同じデータで行ってもらうとき、それぞれの解に若干の違いが起こる場合がありました。それは、方程式の近似解を求める計算などの途中の端数計算で発生する微妙な違いが、意外な違いに発展してしまうからです。

　近似計算において注意すべきことは精度です。その精度を狂わす大きな要因は、途中の計算で絶対値の相当大きい数を掛けてしまうこと、すなわち0に近い数で割ってしまうことでしょう。

　一方、途中の計算における四捨五入・切り上げ・切り捨てに関して、どこの位でそれらを実行するかが問題になります。たった1回の四捨五入・切り上げ・切り捨てならば無視できるものの、何回もそれらが重なることによって無視できないものに発展することがあります。しかしながら統一的なルールを設けることは普通できないので、それは仕方がないことでしょう。

　さて、銀行の通貨取引における最後の金額では、端数の処理に関して一応のルールがあります。円に関しては小数第1位以下を切り捨てるのが普通で、外国通貨に関しては小数第3位で四捨五入するのが普通です。そして金利計算では切り捨てまたは四捨五入が一般的でしょう。切り上げに関しては、以下のような奇妙な問題が起こり得ることに注意してください。

第2章　算数の応用で差をつける　　63

　1990年代後半の日本は、長引く景気低迷から超低金利の状態が続いていました。銀行の定期預金も郵便局の定期貯金も、1カ月ものから1年もので年利率0.3％ぐらいの水準でした。ところが、郵便局の定期貯金を上手に利用すれば、仮に1カ月ものの年利率が0.012％であっても年利率1.2％の利息を得る方法がありました。1999年からそれは規制されましたが、「国等の債権債務等の金額の端数計算に関する法律」によって1銭以上の利息は1円に切り上げられることを利用したものです。

　たとえば1000万円もっている人が、年利率0.012％の1カ月ものの定期貯金に1000万円を1口として預けると、1カ月の利息は、

$$1000万 \times 0.00012 \div 12 \ = \ 100 （円）$$

となります。しかし、1口1000円の1カ月定期貯金1万口として預けると、1口についての利息は、

$$1000 \times 0.00012 \div 12 \ = \ 0.01 （円）$$

となります。0.01（円）は1銭ですからその法律によって1円に切り上げられ、結局1万口あるので1カ月の利息は1万円にもなってしまいます。

　上記の1990年代後半の貯金方法は、小学校の算数が役立つことを示す意外な応用例でした。

5　縮尺と方眼法を使いこなす

　言葉の定義をおろそかにすると、厳密にはその上に成り立つ議論は成り立たないはずです。ところが算数・数

学に関する基本的な言葉の定義が怪しい人たちはかなり多くいます。そこで私は『かしこい人は算数で考える』（日経プレミアシリーズ）において、日頃から気になっていたそれらについてまとめて詳しく説明したのです。

縮尺についてもその書で触れましたが、縮尺 $\frac{1}{1000}$ とか1：1000が意味することは、

地図上の距離：実際の距離 ＝ 1：1000

ということです。すなわち、**縮尺**は距離の比のことです。この定義さえしっかり頭に入れておけば、困ることは全くないと断言できます。とくに不動産関係の会社に就職したいと思う就活大学生には、以下の内容は基礎的必須事項だと捉えてもらいたいです。

縮尺が1万分の1の地図上で、1辺が1 cmの正方形の面積は1 cm²です。その実際の土地は1辺が1万 cmの正方形なので、面積は、

1万cm × 1万cm ＝ 1億cm²

になるのです。

それでは、昔から登山やハイキングに使われてきた縮尺が5万分の1の地図上で、面積が6 cm²の土地の実際の面積を求めてみましょう。面積が6 cm²の長方形を描

いて、たてと横を5万倍してみます。ちなみに、

$$2cm \times 5万 = 10万cm = 1000m = 1km$$
$$3cm \times 5万 = 15万cm = 1500m = 1.5km$$

になります。

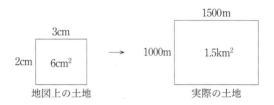

したがって、実際の土地の面積は

$$1000 \times 1500 = 1500000 (m^2)$$
$$1km \times 1.5km = 1.5 (km^2)$$

となるのです。

次に、実際の面積のおよその値を求めるときに便利な、**方眼法**について紹介しましょう。

図は、中央に池がある縮尺1/1000（1000分の1）の地図の上に、1辺1cmの正方形が数多くできるように、縦、横ともに1cm間隔の直線を何本も引いたものです。

	0.1	0.2	
A	B	C	D
0.2	0.9	1	0.4
E	F	G	H
0.2	1	1	0.2
I	J	K	L
	0.3	0.4	
M	N	O	P

　地図上の池は、16個の正方形 A、B、C、……、P で覆われています。各々の正方形が覆っている池の部分を、目分量によって 0 から 1 までの割合で示すと、およそ次のようになります。

A…0、　　　B…0.1、　　　C…0.2、　　　D…0、
E…0.2、　　F…0.9、　　　G…1、　　　　H…0.4、
I…0.2、　　J…1、　　　　K…1、　　　　L…0.2、
M…0、　　　N…0.3、　　　O…0.4、　　　P…0

　それら16個の値を合計すると5.9です。地図上の 1 cm の実際は 10 m なので、

$$池の面積 = 5.9 \times 10 \times 10 = 590 \ （m^2）$$

となります。

　よく知られている面積公式を使える図形は特殊なものだけです。しかし、方眼法はどんな図形にも適用可能で、それだけ応用範囲が広いのです。

　なおこの方眼法は、体積を求める方眼法に拡張することは可能であるものの、実用的とはいい難いものになります。

6　1単位当たりで考える習慣を

　「日本は魚をたくさん消費する国である」という発言と「日本人は魚をよく食べる」という発言を比べると、前者は消費する魚の合計量の意味で、後者は1人当たりの魚を食べる量の意味になるでしょう。

　企業を見る目を考えると、20世紀は主に企業の利益の合計額の方に目が向き、21世紀になると社員1人当たりの利益の方に目が向きつつあります。そこで、20世紀は「足し算の時代」であったものが、21世紀からは「割り算の時代」、すなわち比の概念の時代になったと理解できるでしょう。

　およそ比の概念は、元にする量と比べられる量から成り立ちます。それゆえ百分率％がよく用いられる時代になったのですが、一方で「％って何ですか？」という呆れた質問を平然とする大学生の話をよく聞く時代になってしまいました。

　以下、投資を考えるときに必須の単語の説明を交えて、比と割合の概念を復習しましょう。

　まず、**キャピタルゲイン**と**インカムゲイン**という言葉があります。キャピタルゲインは、株式や不動産などの資産を売買することで生じる利益です。インカムゲインは、株式の配当金や不動産の家賃収入などの資産を保有することで生じる利益です。一般に前者はハイリスク・ハイリターンで、後者はローリスク・ローリターンとなり、税金も異なります。

　幅広く用いられる**収益率**という言葉の意味は、投資対

象に関して

$$\frac{\text{インカムゲイン} + \text{キャピタルゲイン}}{\text{購入価格}}$$

によって定めます。

例として、ある企業の株式を1000円で1000株を購入しました。数カ月後に、1株当たり10円の配当を受け取りました。そして、購入してから1年後に1株1150円で全株を売却しました。このときの収益率を求めてみると、

$$\text{インカムゲイン} = 10(円) \times 1000 = 10000(円)$$
$$\text{キャピタルゲイン} = 150(円) \times 1000 = 150000(円)$$
$$\text{購入価格} = 1000(円) \times 1000 = 1000000(円)$$

$$収益率 = \frac{10000 + 150000}{1000000} = 0.16$$

となるので、収益率は16％です。

次に、企業の**資産**（総資産）は**流動資産**と**固定資産**からなり、それは**負債**と**純資産**（**自己資本**）の合計と等しくなります。すなわち、

$$資産 = 負債 + 純資産（自己資本）$$

が成り立ちます。

株式投資でよく聞くPER（**株価収益率**）は、

$$\text{PER} = 株価 \div 1株当たりの（当期）純利益$$

のことで、PERが他と比べて低い（高い）ときは、株

価が他と比べて低い（高い）ことを意味します。ROE（自己資本利益率）やROA（総資産利益率）という紛らわしい言葉もよく聞くでしょう。

これらは、

$$\text{ROE}(\%) = (\text{当期})\text{純利益} \div \text{自己資本} \times 100 \quad \cdots ①$$
$$\text{ROA}(\%) = (\text{当期})\text{純利益} \div \text{総資産} \times 100$$

と定義されます。

ROEやROAが高い（低い）企業は評価が高い（低い）ことは明らかでしょう。ただ元にする量が、前者は自己資本で後者は総資産であることから、ROAの方がROEより広い視点から企業の稼ぐ力を見ているといえるでしょう。

なお、EPSで1株当たり（当期）純利益、BPSで1株当たり純資産額を表すので、

$$\text{ROE}(\%) = \text{EPS} \div \text{BPS} \times 100 \quad \cdots ②$$

という式が成り立ちます。その理由は、

$$\text{ROE}(\%) = \{(\text{当期})\text{純利益} \div \text{発行株数}\}$$
$$\div \{\text{自己資本} \div \text{発行株数}\} \times 100$$

が成り立つからです。この式変形が分からないことから、「ROEの定義式が①と②の2つ別々にあるようですが……」という質問を大学生から受けたことがあります。

7 名目と実質はどう違うのか

次の質問は、最近の大学生が比と割合の概念を苦手とする象徴的な問題だと考えます。

2002 年の国内総生産（GDP）が 2001 年に対して 10 ％伸びた国があるとします。その国の 2003 年の GDP は、2002 年に対して 20 ％伸びたとします。その国の 2003 年の GDP は、2001 年に対して何％伸びたのでしょうか。

正解は、30 ％ではありません。1.1 倍したものを 1.2 倍するので、

$$1.1 \times 1.2 = 1.32$$

と計算して、正解は 32 ％です。

以下の内容は上で述べたことと直接には関係ありませんが、それをよく理解した上で進みたいものです。**名目**と**実質**はいろいろな課題について考えられますが、主に扱われる GDP について説明しましょう。

物価動向について、よく聞く「消費者物価指数」より対象が広いものに「GDP デフレーター」というものがあります。

GDP には「名目 GDP」と「実質 GDP」の 2 つがあります。前者は物価変動があっても、その時の市場価格そのものから算出したものです。後者は、前者から物価変動の影響を取り除いたものです。その取り除くものが GDP デフレーターであり、

$$[名目GDP] ÷ [GDPデフレーター] = 実質GDP$$

という式が成り立ちます。

　具体的に、ある年の GDP デフレーターが 1.2 倍、すなわち物価が 1.2 倍になって、名目 GDP が 480 兆円ならば、

$$480 ÷ 1.2 = 400（兆円）$$

がその年の実質 GDP になります。

　かつては、基準年を（元にする量として）固定し、GDP デフレーターを算出していました（固定基準年方式）。それが 2004 年末からは、毎年ごとに（元にする量を）変更するようになりました（連鎖方式）。

　たとえば、日本の 2017 年の名目 GDP は約 546.5 兆円で、2017 年の GDP デフレーターは、1.0284 です。

$$546.5 ÷ 1.0284 ≒ 531.4（兆円）$$

と計算した結果の 531.4 兆円が 2017 年の実質 GDP になります。

　明らかに、GDP デフレーターが 1 以上ならば、物価が上昇していることを意味し、1 未満ならば物価が下落していることを意味します。

8　フローとストックの発想

　貯金のない子どもが、1 月からお小遣いの入金、お買い物などの出金、入金と出金の増減、貯金に分けて記録をとり、次表のようになりました。

（単位：円）

月	入金	出金	増減	貯金
1	5000	3000	2000	2000
2	7000	5000	2000	4000
3	4000	5000	−1000	3000
4	8000	3000	5000	8000
5	6000	5000	1000	9000
6	3000	7000	−4000	5000

　増減欄は毎月のお金の変化量で、**フロー**（流量）と呼ばれるものです。また、貯金欄のお金は**ストック**（貯蔵量）と呼ばれるものです。

　子どものお小遣いばかりでなく、企業や団体についてもフローとストックは同様に考えます。そして、入金欄に相当するフローを**インフロー**、出金欄に相当するフローを**アウトフロー**ということがあります。

　およそ企業はフローとストックを見て経営判断をしますが、お金ばかりでなく社員の人員配置などにもこの見方を適用するのです。すなわち、人材の採用や退職はフローであり、確保している人材の総数はストックとなります。

　社内の人事ばかりでなく、顧客に対してもそれらの見方は適用できるでしょう。スポーツクラブの会員はストック、スポーツクラブの新規の会員はインフロー、スポーツクラブを退会する会員はアウトフローとして、それぞれ捉えることができます。

　最後に、「一生懸命に働いて給料を貯金してお金持ちになろう」という発想は、フローに目を向けたものです。一方、「事業を興したり会社を売買したりして資産

第2章　算数の応用で差をつける　　73

を築こう」という発想は、ストックに目を向けた発想です。後者の方がスケールが大きいことは、言うまでもないでしょう。

9　裁定取引で復習する大小関係

　およそ特許権や著作権で保護されているものを別にすれば、一般にローリスクな取引はローリターンです。裁定取引は、その代表的なものでしょう。

　いま、ある商品は自由に売買されているとします。A市場でのその商品の取引価格がB市場でのそれより高ければ、B市場で買ってA市場で売ると差額分が利益になります（諸経費は別）。このようなさや取りの取引を**裁定取引**といい、必ず買い（売り）と売り（買い）がセットになっており、後半で行われる反対売買のことを「裁定取引の解消」といいます。

　株式市場での裁定取引は広く知られており、2つの市場間での現物株同士の裁定取引や、現物株指数と株式先物指数を組み合わせた裁定取引などがあります。前者の例を挙げると、A社株に関して東京市場では1,000円で1万株の売り注文が出ており、名古屋市場では逆に1,040円で1万株の買い注文が出ているとします。そのとき両者の間で裁定取引を行うと、40万円の利益が出ます（諸経費は別）。

　後者の例を、日経平均株価と日経平均先物価格を組み合わせたものによって示しましょう。

　最初に、日経平均先物価格の理論値は、

日経平均株価 ×

$$\left\{ 1 + (短期金利 - 配当利回り) \times \frac{最終決済日までの日数}{365} \right\}$$

によって与えられます。ここで日経平均先物の最終決済日には、日経平均株価と日経平均先物価格の理論値は等しくなることに注意しましょう。

具体的に日経平均株価が2万円、短期金利が5％、配当利回りが2％、最終決済日までの日数が73日ならば、

$$理論値 = 20000 \times \left\{ 1 + (0.05 - 0.02) \times \frac{73}{365} \right\}$$
$$= 20000 \times (1 + 0.03 \div 5)$$
$$= 20000 \times 1.006 = 20120 \,(円)$$

となります。

もし、そのとき日経平均先物価格が20,120円より多少の幅をもって高ければ、裁定取引は次のようにして行われます。

日経平均先物を何単位か売り、それに金額として見合う程度の日経平均算出対象現物株を購入する。そして最終決済日または日経平均先物価格がその理論値を多少の幅をもって下回っているときに、裁定取引の解消、すなわち先に売った分の日経平均先物を買い戻すと同時に、先に買った日経平均算出対象現物株を売ることにより利益を確定する。

上で紹介したように、裁定取引は利益の額は少ないものの、大から小を引いた利益を確実に生みます。しかし

第2章　算数の応用で差をつける　　75

ながら、ローリスク・ローリターンに飽き、ついハイリスク・ハイリターンの先物取引（3章2節を参照）を行ってみたくなるのが人間なのでしょう。小から大を引いた利益、すなわち損失がいくらでも発生する世界です。

第3章
最適を求める
——1次関数と符号の応用

1 有利なプランや所得税を求める1次関数

　様々な商品に関して、大口のユーザーは一定以上購入すると割安になるのが普通です。そして提供側はいくつかの料金プランを示し、消費者は自らの購入の状況に対して最も有利なプランを選択することになります。そこでしばしば問題になるのが、プランの選択方法です。最も有利なプランを求めるには、1次方程式が本質的な役割を演じることが多いのです。

　以下、具体的に、次のような料金設定の小口プランと大口プランの2つがある商品Aを考えてみましょう。なお現実の様々な問題に関しては、プランの数や料金は当然異なるものの、同じようにして解決できます。

　　　小口プラン……毎月の契約料はなく、
　　　　　　　　　　商品Aは1単位当たり150円
　　　大口プラン……毎月の契約料は3,000円で、
　　　　　　　　　　商品Aは1単位当たり100円

　商品Aのユーザーが1カ月にx単位購入するならば、両プランの費用y（円）はそれぞれ、

第3章 最適を求める——1次関数と符号の応用

小口プラン…… $y = 150x$
大口プラン…… $y = 3000 + 100x$

となります。さらに上2式を x, y 座標平面上に図示すると、次のようなグラフになります。

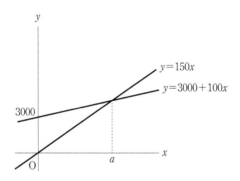

上のグラフでは、$x = a$ ではどちらのプランでも費用は同じで、$x > a$ では大口プランが有利で、$x < a$ では小口プランが有利なことを示しています。そこで1次方程式

$$150x = 3000 + 100x$$

を解くと、

$$50x = 3000、x = 60$$

となり、$a = 60$ が分かります。すなわち、1カ月に60単位以上商品 A を購入するユーザーは、大口プランを選択すればよいことになります。

次に、2015年分以降の所得税の速算表を用いて、**所**

得税額 $f(x)$ を1次関数の式で表してみましょう。なお、課税される所得金額 x とは、年収から様々な控除額分が差し引かれた金額です。

所得税の速算表

課税される所得金額	税率	控除額
195万円以下	5%	0円
195万円を超え　330万円以下	10%	97,500円
330万円を超え　695万円以下	20%	427,500円
695万円を超え　900万円以下	23%	636,000円
900万円を超え　1,800万円以下	33%	1,536,000円
1,800万円を超え　4,000万円以下	40%	2,796,000円
4,000万円超	45%	4,796,000円

$$f(x) = \begin{cases} 0.05x & (x \leq 195万) \\ 0.1x - 97500 & (195万 < x \leq 330万) \\ 0.2x - 427500 & (330万 < x \leq 695万) \\ 0.23x - 636000 & (695万 < x \leq 900万) \\ 0.33x - 1536000 & (900万 < x \leq 1800万) \\ 0.4x - 2796000 & (1800万 < x \leq 4000万) \\ 0.45x - 4796000 & (4000万 < x) \end{cases}$$

たとえば $x = 1000$ 万の人は、

$$f(x) = 0.33 \times 1000万 - 1536000$$
$$= 3300000 - 1536000 = 1764000 （円）$$

となります。

また、課税される所得金額が195万円、330万円、695万円、900万円、1800万円、4000万円の人の場合で

$f(x)$ を求めると、$f(x)$ は不連続でなく連続であることが分かります。具体的に $x = 4000$ 万で確かめると、

$$0.4 \times 4000万 - 2796000 = 13204000$$
$$0.45 \times 4000万 - 4796000 = 13204000$$

となります。

$f(x)$ が連続な関数だからこそ、途中で勤労意欲をそぐことなく、所得税額は収入に応じて増えていくようになっているのでしょう。

2　先物取引も1次関数の応用

多くの人にとって**先物取引**という言葉から連想するものは、原油のように現物商品があるものの実際の受け渡しが不可能な商品、あるいは債券や株式のような現物商品とは無関係な金融商品でしょう。

しかし、元来は「ある現物商品をあらかじめ決められた条件で将来売買することを現在契約しておく取引」のことでした。そしてしだいに、現物商品から金融商品へその対象が移ったのです。同時に先物取引に対する意識も、将来の売買価格に対する不安ゆえのヘッジ心理から、一か八かの投機心理に移ったのです。

また決済方法も、決済日以前に差金決済によって済ませるのが普通になりました。**差金決済**とは、先物取引で買い建てていた（将来買うことを契約していた）者がその契約を転売すること、または先物取引で売り建てていた（将来売ることを契約していた）者がその契約を買い戻すことです。

さて、ある先物商品Aを決済日に2,000円で買い建てていた甲と、決済日に2,000円で売り建てていた乙がいたとします。両者とも決済日に差金決済を行う場合、それぞれの利益額 y（円）を決済日のAの価格 x（円）で表すと、

甲：$y = x - 2000$
乙：$y = -x + 2000$

となり、グラフで図示すると次のようになります。

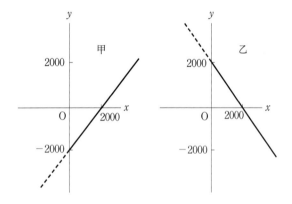

上のグラフからも分かるように、両者とも大きな利益を見込めるものの、大きな損失の可能性もあります。ここで、ある種の保険のようなものを掛けることによって大きな損失だけは免れられないか、と思うのが人間の心理でしょう。そこで登場するのが、オプション取引です。

オプション取引とは、ある商品Aをあらかじめ決められた条件で将来買い付ける権利（**コールオプション**）、あるいは売り付ける権利（**プットオプション**）を

売買する取引のことです。買い付けあるいは売り付けができる日を**権利行使日**、買い付けあるいは売り付けができる価格を**権利行使価格**といいます。

　権利行使日に関しては、将来の満期日のみに権利を行使できる**ヨーロピアンオプション**と、満期日以前の任意の日に権利を行使できる**アメリカンオプション**があります。そしてコールオプションあるいはプットオプションに付く値段（オプション料）を**プレミアム**といいます。

　いわゆるブラック・ショールズモデルは、ヨーロピアンオプションのプレミアムを計算するモデルです。

　権利行使価格が2,000円、プレミアムが100円の場合、コールオプションおよびプットオプションそれぞれの買い手および売り手の利益額 y（円）を、権利行使時の A の価格 x（円）で表すと以下のようになります。ただし、それぞれの買い手が権利行使日に権利を行使した方がより有利なときは、必ずそうすることを仮定します。

Ⅰ．コールの買い手
$$y = \begin{cases} -100 & (x \leq 2000) \\ x - 2100 & (x \geq 2000) \end{cases}$$

Ⅱ．コールの売り手
$$y = \begin{cases} 100 & (x \leq 2000) \\ 2100 - x & (x \geq 2000) \end{cases}$$

Ⅲ．プットの買い手
$$y = \begin{cases} 1900 - x & (x \leq 2000) \\ -100 & (x \geq 2000) \end{cases}$$

Ⅳ．プットの売り手
$$y = \begin{cases} x - 1900 & (x \leq 2000) \\ 100 & (x \geq 2000) \end{cases}$$

　Ⅰ、Ⅱ、Ⅲ、Ⅳをグラフで表してみましょう。

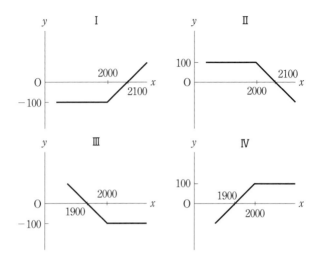

　ⅠおよびⅢのグラフと最初に示した甲と乙のグラフから、ⅠとⅢはそれぞれ甲と乙に100円の保険を付けたものと捉えることができます。なおⅡとⅣのグラフから、どちらのオプションの売り手も損失額はいくらでも大きくなる可能性があることに注意してください。

3　最大売上高や最小仕入額を求める線形計画法

　微分積分学が中心だった第二次世界大戦前の日本の大学の一般教養数学授業科目と比べて、戦後のそれの大きく異なった点として、行列や行列式などの線形代数学の導入が挙げられます。その一つのねらいとして、線形計画法の教育がありました。
　線形計画法は、生産や輸送に関する合理的な計画・立

第3章　最適を求める——1次関数と符号の応用　　83

案から研究が始まりました。一般的解法が確立したのは1947年のことです。1990年代後半には、線形計画法のある解法をめぐって特許論争まで引き起こされました。

　まず、次の問題を見てください。

問題　いま、物質Aを12g以上、物質Bを30g以上、物質Cを12g以上必要としているとします。物質Ⅰは100g当たり800円で、それにはAを2g、Bを4g、Cを1g含んでいます。また、物質Ⅱは100g当たり1,000円で、それにはAを1g、Bを3g、Cを2g含んでいます。ⅠとⅡを適当に購入することによってA、B、Cの必要量を確保することを目的とする場合、ⅠとⅡをそれぞれ何gずつ購入すれば費用は最小になるでしょうか。また、もしⅠとⅡはどちらも1個100gとして販売されているならば、それぞれ何個ずつ購入すれば費用は最小になるでしょうか。

　問題の前半を解くためには、Ⅰを $(100 \times x)$g、Ⅱを $(100 \times y)$g 購入するとき、

$$(*)\begin{cases} 2x + \ y \geq 12 \text{（Aに関する条件）} \\ 4x + 3y \geq 30 \text{（Bに関する条件）} \\ \ x + 2y \geq 12 \text{（Cに関する条件）} \\ x,\ y \geq 0 \end{cases}$$

のもとで、

$$800x + 1000y = 200\,(4x+5y) \quad \cdots(1)$$

を最小にする x、y を求めればよいのです。

一方、問題の後半を解くためには、上の設問に x と y の整数性を付け加えることになります。

(*) の範囲を xy 座標平面上で図示すると、次のアミの部分として表されます。

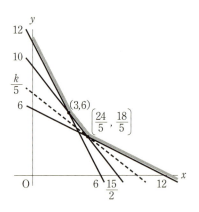

問題の前半を解くためには、(1) 式より $4x_0+5y_0$ が最小になるようなアミ部の点 (x_0, y_0) を見付ければよいのです。いま、

$$4x + 5y = k$$

とおくと、これは傾き $-\dfrac{4}{5}$、y 切片 $\dfrac{k}{5}$ の直線です。アミ部の点を通る傾き $-\dfrac{4}{5}$ の直線で、y 切片が最も小さいものは $\left(\dfrac{24}{5}, \dfrac{18}{5}\right)$ を通る直線です（図で点線で示した直線）。よって、

$$x_0 = 4.8, \quad y_0 = 3.6$$

を得ます。

したがって問題の前半の解は、Ⅰを 480 g、Ⅱを 360 g

第3章　最適を求める——1次関数と符号の応用　　85

購入することです。

　さて、x 座標も y 座標も整数である点を**格子点**といいますが、問題の後半は次のような格子点 (x_1, y_1) を見付ければよいのです。図において点線で示した直線を平行に上に動かしていき、最初に接した斜線部の格子点が (x_1, y_1) となります。実際にそれを求めると、

$$(x_1, y_1) = (6, 3)$$

を得ます。したがって問題の後半の解は、Ⅰを6個、Ⅱを3個購入することです。

　問題の変数の個数を2から一般の個数 n に拡張して、与えられたいくつかの1次不等式の条件のもとで〔(＊) 参照〕、与えられた1次式〔(1) 式参照〕を最大（最小）にさせる状況を決定する問題を**線形計画問題**、その解法を**線形計画法**といいます。ビジネスへの応用として、最大売上高や最小仕入額を求める問題は容易に思い付くことでしょう。ちなみに、「線形」とは「1次」であることに留意してください。

　また、それら n 個の変数に整数性の条件を付け加えた問題を一般に**整数計画問題**といいます。現実の問題として、ものの個数を尋ねる場合に適用されます。

　一般の線形計画問題の解法である**単体法**は有名で、理論的な背景を理解しないでも、方法だけ覚えて利用することもできます。

　その方法については、拙著『高校数学から理解して使える経営ビジネス数学』（共立出版）で分かりやすく説明しています。

　整数計画問題については、最初に整数性の条件を外し

て線形計画問題として解きます。そして、その解を出発点として少しずつその周囲を削っていくようにして、整数性の条件が加わった解を探すのです。

　整数計画問題は対象が「整数」だけに難しく、線形計画問題は対象が「実数」なのでやさしくなります。小学校で整数を学習し、中学校から実数を学習してきた感覚とは相容れないように思われるかも知れませんが、数学の世界ではよくあることです。

　ここで、線形計画問題を別の観点から説明しましょう。キーワードは「**端点**」です。

　いま、図で示す6角形 ABCDEF の周囲と内側を合わせた領域を (x, y) が動くとき、$2x + 3y$ の最大値および最小値を求めることを考えます。

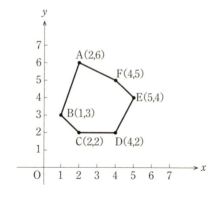

$$2x + 3y = k$$

とおいて、

$$y = -\frac{2}{3}x + \frac{k}{3} \quad \cdots(2)$$

と変形すると、(x, y) が領域内を動くときの k の最大値および最小値は、それぞれ (x, y) が下図の点F、点Cの座標となるときに与えられます。

したがって、$(x, y)=(4,5)$ のとき $\frac{k}{3}$ は最大値（直線 l_1 の y 切片）、$(x, y)=(2,2)$ のとき $\frac{k}{3}$ は最小値（直線 l_2 の y 切片）をとります。よって、k の最大値は、

$$2 \times 4 + 3 \times 5 = 23$$

k の最小値は

$$2 \times 2 + 3 \times 2 = 10$$

となります。

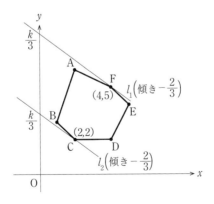

上述の例からも分かるように、2つの変数からなる線形計画問題を考えるとき、与えられた1次式の最大・最小の問題は、与えられた（平面上の）領域の端点が鍵と

なるのです。なお、この場合の領域は、2次元平面からいくつかの直線で切り取った平面図形になります。

実は、その性質は一般の n 個の変数からなる線形計画問題でも同じです。たとえば $(a, b, c) \neq (0,0,0)$ のとき、

$$ax + by + cz + d = 0$$

は空間における平面の方程式になります。そして、与えられた1次式 $\alpha x + \beta y + \gamma z$ の最大・最小の問題は、与えられた（空間上の）領域の端点が鍵となるのです。なお、この場合の領域は、3次元空間からいくつかの平面で切り取った立体図形になります。

上で述べたことを一般化してまとめると、次のようになります。

$a_{ij}(i = 1, 2, \cdots, m, \ j = 1, 2, \cdots, n)$、$b_i(i = 1, 2, \cdots, m)$ および $c_j(j = 1, 2, \cdots, n)$ を実数とするとき、条件

$$(*) \begin{cases} a_{11}x_1 + a_{12}x_2 + \cdots + a_{1n}x_n \leq b_1 \\ a_{21}x_1 + a_{22}x_2 + \cdots + a_{2n}x_n \leq b_2 \\ \quad\quad\quad \vdots \\ a_{m1}x_1 + a_{m2}x_2 + \cdots + a_{mn}x_n \leq b_m \\ x_i \geq 0 \ (i = 1, 2, \cdots, n) \end{cases}$$

のもとで、目的とする1次関数

$$f(x_1, x_2, \cdots, x_n) = c_1x_1 + c_2x_2 + \cdots + c_nx_n$$

を最大または最小にする問題を**線形計画問題**といい、その解法理論を**線形計画法**といいます。

いわゆる**単体法**とは、n 次元の世界における領域 $(*)$ の端点の中から、$f(x_1, x_2, \cdots, x_n)$ が最大値や最小

値をとる点を効率的に見付けるアルゴリズムなのです。ちなみに計算機の発達により、現在では n が 100 万の単位でも単体法により線形計画問題を解くことができるようになりました。

ところで、領域（＊）の端点は有限個なので、仮に単体法を知らなくても、端点をすべて求め、それぞれによって定まる $f(x_1, x_2, \cdots, x_n)$ の値をすべて求めることによって、線形計画問題を解くことも可能です。そのことを示す例題を紹介し、本節を終わることにします。

例題　あるコーヒー豆店では、3 つのブレンド豆パック（A）（B）（C）のみを売っています。それらはモカマタリ、キリマンジャロ、マンデリンから作られており、それぞれ各 1 パック当たり次のように含まれています。

	(A)	(B)	(C)
モカマタリ	100g	100g	100g
キリマンジャロ	200g	0g	100g
マンデリン	100g	200g	0g

また、（A）は 700 円、（B）は 500 円、（C）は 400 円です。いま、この店にはモカマタリ、キリマンジャロ、マンデリンが、それぞれ 6kg、5kg、5kg の在庫があります。それらを使ってブレンド豆パックを作るとき、総売り上げが最大になるようにするには、（A）、（B）、（C）をそれぞれ何個ずつ作ればよいでしょうか。なお、作ったブレンド豆パックはすべて売り切れるものとします。

（A）を x 個、（B）を y 個、（C）を z 個作るとすると、

次の不平等が成り立ちます。

$$(*)\begin{cases} 100x + 100y + 100z \leq 6000 \\ 200x \qquad\quad + 100z \leq 5000 \\ 100x + 200y \qquad\quad \leq 5000 \\ x, y, z \geq 0 \end{cases}$$

この条件のもとで、

$$700x + 500y + 400z = 100(7x + 5y + 4z) \quad \cdots(3)$$

を最大にする x、y、z を求めればよいのです。いま、$(*)$ は次の6つの平面によって囲まれた1つの立体を表しています。

①$x + y + z = 60$ 、　②$2x + z = 50$ 、
③$x + 2y = 50$ 、　　④$x = 0$ 、
⑤$y = 0$ 、　　　　　　⑥$z = 0$

上の6つの平面のうち、各3つの平面の交点をそれぞれ3元1次連立方程式で解いて、解のうち $(*)$ を満たす点は次の8つの点になります。この8つの点こそが、$(*)$ が表す立体の端点になるのです。

$(10, 20, 30)$、$(0, 10, 50)$、$(0, 25, 35)$、$\left(25, \dfrac{25}{2}, 0\right)$、

$(0, 0, 50)$、$(25, 0, 0)$、$(0, 25, 0)$、$(0, 0, 0)$

$$g(x, y, x) = 7x + 5y + 4z$$

とおき、それら8点に対する関数 g の値を求めると次のようになります。

第3章 最適を求める──1次関数と符号の応用　　91

$$g(10, 20, 30) = 290 \quad、\quad g(0, 10, 50) = 250 \quad、$$

$$g(0, 25, 35) = 265 \quad、\quad g\left(25, \frac{25}{2}, 0\right) = \frac{475}{2} \quad、$$

$$g(0, 0, 50) = 200 \quad、\quad g(25, 0, 0) = 175、$$

$$g(0, 25, 0) = 125 \quad、\quad g(0, 0, 0) = 0$$

　したがって、(3) が最大値をとるときの (x, y, x) は、$(10, 20, 30)$ すなわち（A）を 10 個、（B）を 20 個、（C）を 30 個作ればよいことが分かります。

4　具体例から学ぶ「誤り検出符号」と「誤り訂正符号」

　情報・通信時代において符号理論は極めて重要です。それは、人為的なミスばかりでなく、太陽の黒点の影響で通信路に雑音が入るような自然現象などから、情報を常に 100 ％正確にそのまま伝達することは不可能だからです。それゆえ情報伝達の段階で誤りが生じたとき、誤りがあることを認識したり、誤りを修正したりする符号が必要になります。前者の要求に応える符号が**誤り検出符号**で、後者の要求に応える符号が**誤り訂正符号**です。これからの時代は、ビジネスにおいても符号の基礎的知識はますます重要になると考えられるので、本節ではやや詳しく説明したいと思います。

　最初に、大多数の商品に付いている 13 ケタのバーコードを見てみましょう。これは、チェックするための計算の結果を 10 で割った余りに注目するものです。いま、

4901480191928

という例で説明すると、最初の2ケタの「49」は国名（日本）を表し、次の5ケタの「01480」はメーカーを表し、次の5ケタの「19192」は商品自体を表しています。最後の「8」は、チェックするために必要な記号です。

　一般に13ケタのバーコードを、

$$a_1 \, a_2 \, a_3 \, a_4 \, a_5 \, a_6 \, a_7 \, a_8 \, a_9 \, a_{10} \, a_{11} \, a_{12} \, a_{13}$$

とするとき、

$$3 \times (a_2 + a_4 + a_6 + a_8 + a_{10} + a_{12})$$
$$+ (a_1 + a_3 + a_5 + a_7 + a_9 + a_{11} + a_{13}) \quad \cdots (1)$$

が10の倍数になるように a_{13} は定められています。実際、上の例で確かめると、

$$3 \times (9 + 1 + 8 + 1 + 1 + 2)$$
$$+ (4 + 0 + 4 + 0 + 9 + 9 + 8)$$
$$= 3 \times 22 + 34 = 100$$

となっています。

　13ケタのバーコードにある a_1、a_2、$\cdots$、a_{13} のうち、一つの $a_i (1 \leqq i \leqq 13)$ だけを読み誤って、b と読んだとしましょう。すると b は a_i と異なる 0、1、2、$\cdots$、9 のいずれかの数なので、a_i を b に取り替えたときの（1）の計算結果は10の倍数になりません。

　それは、i が奇数ならば明らかであり、i が偶数のときも、次の10個について、それらの1の位の数字はすべて互いに異なることから分かります。

第3章 最適を求める──1次関数と符号の応用　　93

$3 \times 0 = 0$、　$3 \times 1 = 3$、　$3 \times 2 = 6$、　$3 \times 3 = 9$、
$3 \times 4 = 12$、　$3 \times 5 = 15$、　$3 \times 6 = 18$、
$3 \times 7 = 21$、　$3 \times 8 = 24$、　$3 \times 9 = 27$

　このように13ケタのバーコードは、1文字の誤りに対してはそれを認識すること、すなわち誤りを検出することができるのです。

　誤り訂正符号においては、送られた情報の誤りを修正することを**復号**といい、いくつまでの誤りならば必ず復号できるのかという最大数を**誤り修正能力**といいます。火星探査機などからデジタル画像を地球に送るときには、誤り修正能力が7とか8もある符号を使っているのです。

　これから修正能力が1の誤り訂正符号を紹介しますが、とりあえずそのイメージを理解してもらうために、小学生の体育館での体操を思い出してください。

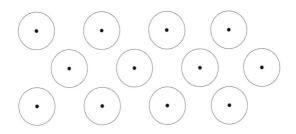

　図における円の中心は小学生です。皆、自分を中心として半径が腕の長さの円を描くと、自分の円と他の人の円は重なりません。だからこそ、誰もぶつかることなく体操ができるのです。およそ符号全体の集合は、図にお

94

ける小学生の集合に相当するのです。

いま、次の2つの符号の集合を考えてみましょう。

$$X = \left\{ \begin{array}{ll} a = (1,2,3,4,5), & b = (1,4,4,8,5), \\ c = (0,2,4,7,6), & d = (5,6,7,4,5), \\ e = (3,9,5,2,0), & f = (6,0,0,9,0) \end{array} \right\}$$

$$Y = \left\{ \begin{array}{ll} g = (3,7,5,1,1), & h = (2,6,9,9,1), \\ i = (5,9,3,6,2), & j = (4,4,3,7,7), \\ k = (5,6,9,9,0), & l = (1,2,9,8,7) \end{array} \right\}$$

X は6つの符号 a、b、c、d、e、f から成り、Y は6つの符号 g、h、i、j、k、l から成ります。各符号について、

（第1成分, 第2成分, 第3成分, 第4成分, 第5成分）

というように成分を定めます。たとえば符号 c については、第1成分は0、第2成分は2、第3成分は4、第4成分は7、第5成分は6となっています。

X において、たとえば a と d は第1成分、第2成分、第3成分は異なりますが、第4成分、第5成分は同じです。

また Y において、たとえば i と k は第1成分は同じですが、第2成分、第3成分、第4成分、第5成分は異なります。

いま、符号の集合 X を扱っているとき、$p = (1,2,3,0,5)$ という符号を受信したとします。このとき、p と a は第4成分だけ異なっていて、他の成分は同じです。また、p と b、p と c、p と d、p と e、p と f は4個か5個の成

第 3 章　最適を求める——1 次関数と符号の応用　　95

分が異なります。そこで p を受信したとき、「1 つの成分だけ誤って受信した」と考えて、受信した者は「a を送信した」と見なして、p を a に復号するのです。

　符号の集合 X を考えるとき、a、b、c、d、e、f それぞれを円の中心に置いて、円周には中心と 1 つの成分だけ異なる文字列 ($\alpha, \beta, \gamma, \delta, \varepsilon$) を置くことにすると、下図の状況になります。$p$ は a の円周にあって、円周同士の共有部分はないことに注目してください。

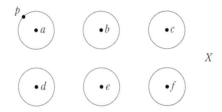

　次に符号の集合 Y を扱っているとき、$q = (2,6,9,9,0)$ という符号を受信したとします。このとき、上図と同じような図を Y について描くと、次の図を得ます。q は h の円周と k の円周の両方にある、すなわち q と h は 1 つの成分だけ異なっていて、q と k も 1 つの成分だけ異なっていることに注意してください。

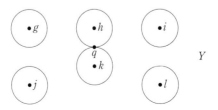

XとYについて述べたことから、Xは修正能力が1の誤り訂正符号であるものの、Yはそのような能力をもたない符号と見なせるのです。

参考までに、次の符号の集合Zを考えると、Zは誤り修正能力が2の誤り訂正記号です。たとえば$r = (7, 2, 8, 2, 2)$を受信すれば、これをuに復号すればよいのです。

$$Z = \begin{Bmatrix} s = (0,0,0,0,0), & t = (1,1,1,1,1), \\ u = (2,2,2,2,2), & v = (3,3,3,3,3), \\ w = (4,4,4,4,4), & x = (5,5,5,5,5) \end{Bmatrix}$$

そして、s、t、u、v、w、xをそれぞれ円の中心に置いて、1つの成分だけ異なる文字列の円周と、2つの成分だけ異なる文字列の円周の2つをそれぞれ描くと、次の図を得ます。円周同士の共有部分はないことに注目してください。

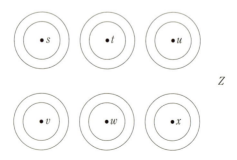

上で述べてきたことを参考にすれば、"良い符号"であるか否かは別にすると、誰でも誤り修正能力の高い符号を作ることができるでしょう。

第3章　最適を求める——1次関数と符号の応用　　97

　ここで、"良い符号"の意味を、電話での例えによって説明しましょう。ある国の電話として使える番号は、000000 から 999999 の 100 万件とします。この国では電話に、誤り修正能力が 1 の誤り訂正符号を設けることを考えました。すなわち、6 ケタの番号のうち 1 カ所を間違って押しても、正しい番号の家に繋がるシステムを設けることを考えたのです。

　当然、それによって電話の最大加入件数は 100 万件よりだいぶ少なくなりますが、人口の少ない国なので構わないと考えました。所詮は有限個の世界なので、そのような条件を満たす最大加入可能件数の値 M はあるはずです。

　その国で、実際に電話番号を次々と定めていったところ、必要とする電話がすべて決まった段階で、全加入件数は "M にかなり近い数" になったそうです。これが、"良い符号"の一つの要素です。要するに、サイズとしてちょうど良いのです。

　さらに、その国の電話では上手なシステムを設けたために、6 ケタの番号のうちの 1 カ所を間違って押しても、正しい番号のところに "速やかに繋がる" ようになったそうです。すなわち、復号の手順が簡単で、復号は瞬時にできるのです。これも、"良い符号"の一つの要素です。

　良い符号としての 2 つの要素を挙げましたが、以下、その意味が分かるような実際の符号の例を順に紹介して本節を終わります。

　前者に関しては、0 または 1 から成る 7 文字を並べた

$$(1, 0, 0, 1, 1, 1, 0)、\quad(0, 0, 1, 1, 1, 0, 1)$$

のようなもの全部を考えましょう。明らかに、それらは、

$$2^7 = 128(個)$$

あります。それら全体の集合を W で表し、とくに以下の 16 個からなる集合を符号全体として C で表すことにします。

$$V_1 = (0, 0, 0, 0, 0, 0, 0)、\quad V_2 = (1, 1, 1, 1, 1, 1, 1)、$$
$$V_3 = (1, 1, 1, 0, 0, 0, 0)、\quad V_4 = (0, 0, 0, 1, 1, 1, 1)、$$
$$V_5 = (1, 0, 0, 0, 0, 1, 1)、\quad V_6 = (0, 1, 1, 1, 1, 0, 0)、$$
$$V_7 = (1, 0, 0, 1, 1, 0, 0)、\quad V_8 = (0, 1, 1, 0, 0, 1, 1)、$$
$$V_9 = (0, 1, 0, 0, 1, 0, 1)、\quad V_{10} = (1, 0, 1, 1, 0, 1, 0)、$$
$$V_{11} = (0, 0, 1, 0, 1, 1, 0)、\quad V_{12} = (1, 1, 0, 1, 0, 0, 1)、$$
$$V_{13} = (0, 0, 1, 1, 0, 0, 1)、\quad V_{14} = (1, 1, 0, 0, 1, 1, 0)、$$
$$V_{15} = (0, 1, 0, 1, 0, 1, 0)、\quad V_{16} = (1, 0, 1, 0, 1, 0, 1)$$

いま、たとえば C に属する V_5 を発信したとします。それを受信した者は、正しく V_5 を受信したならば何も問題はないですが、もし V_5 と 1 文字だけ違って、

$$U = (1, 0, 0, 1, 0, 1, 1)$$

を受信したとしましょう。このとき、U と V_j（$j \neq 5$）は 2 文字以上違っています。実際、U と V_1 は 4 文字違っていて、U と V_2 は 3 文字違っていて、…、U と V_{16} は 4 文字違っています。そこで U を受信した者は、それを最寄りの V_5 に復号することにするのです。

そのようにして確かめると、C に属するどの V_i を発

第3章　最適を求める——1次関数と符号の応用　　99

信したとしても、それを受信側が1文字以内の誤りで受信したならば、正しく V_i に復号することができます。それは、相異なる V_i と V_j は必ず3文字以上違っているからです。

　さらにCに関しては、Wに属するどんな7文字の列に対しても、それと1文字以内の違いしかないCに属する符号が存在する、という特殊な性質（完全符号）をもっています。

　後者に関しては、次のような符号

$$[a_1\ a_2\ a_3\ a_4\ a_5\ a_6\ a_7\ a_8\ a_9\ a_{10}]$$

を考えましょう。各 a_i は0以上9以下の整数で、次の2式の値はいずれも11の倍数となるものです。

$$\begin{cases} a_1 + a_2 + a_3 + \cdots + a_{10} & \cdots ① \\ 1{\cdot}a_1 + 2{\cdot}a_2 + 3{\cdot}a_3 + \cdots + 10{\cdot}a_{10} & \cdots ② \end{cases}$$

　ここで、そのような符号全体を S とすると、S の相異なる2つの符号

$$\boldsymbol{a} = [a_1\ a_2\ a_3\ a_4\ a_5\ a_6\ a_7\ a_8\ a_9\ a_{10}]$$

と

$$\boldsymbol{b} = [b_1\ b_2\ b_3\ b_4\ b_5\ b_6\ b_7\ b_8\ b_9\ b_{10}]$$

は必ず3文字以上違っています。なぜならば、①式の意味から $\boldsymbol{a}$ と $\boldsymbol{b}$ が1文字だけ違っていることはないからです。いま $\boldsymbol{a}$ と $\boldsymbol{b}$ は第 i 成分と第 j 成分の2カ所だけで異なっているならば、①式と②式からそれぞれ、

$$(a_i - b_i) + (a_j - b_j) = 11の倍数 \quad \cdots ③$$
$$i\,(a_i - b_i) + j\,(a_j - b_j) = 11の倍数 \quad \cdots ④$$

が成り立ちます。そして、③式と④式から、

$$-i\,(a_j - b_j) + j\,(a_j - b_j) = 11の倍数$$
$$(a_j - b_j)\,(j - i) = 11の倍数$$

となりますが、$a_j - b_j$ も $j - i$ も 11 の倍数でないので、これは矛盾です。したがって、**a** と **b** は 3 カ所以上で異なります。

　さらに、S はちょうど 82644629 個の符号から成り立っていることが、有限体上の線形空間という世界の議論から分かります（省略）。

　いま S に属する符号を送信したものの、受信側が 1 文字だけ誤って符号

$$[b_1 \ b_2 \ b_3 \ b_4 \ b_5 \ b_6 \ b_7 \ b_8 \ b_9 \ b_{10}]$$

を受信したとしましょう。このとき、以下の方法で復号できます。この部分は、結果オーライということで許してください。

$$b_1 + b_2 + b_3 + \cdots + b_{10} を 11 で割った余りを d、$$
$$1 \cdot b_1 + 2 \cdot b_2 + 3 \cdot b_3 + \cdots + 10 \cdot b_{10} を 11 で割った余りを e$$

とします。次に、

$$d \times j を 11 で割った余りが e$$

となる $j(1 \leq j \leq 10)$ を見付けます。結論として最初に送信した符号は、b_j が $b_j - d$ または $b_j - d + 11$ となっているものです。

第3章　最適を求める——1次関数と符号の応用　　101

たとえば、

[３２０２０４８０７５]

を受信したとしましょう。

$3 + 2 + 0 + 2 + 0 + 4 + 8 + 0 + 7 + 5$

$= 31 = 2 \times 11 + 9$

$1 \times 3 + 2 \times 2 + 4 \times 2 + 6 \times 4 + 7 \times 8 + 9 \times 7 + 10 \times 5$

$= 3 + 4 + 8 + 24 + 56 + 63 + 50$

$= 208 = 18 \times 11 + 10$

となり、$d = 9$、$e = 10$ を得ます。そして、

$9j \div 11 = n$　余り 10

となる $j(1 \leq j \leq 10)$ を見付けると、$j = 6$ を得ます。

　よって、

$4 - 9 + 11 = 6$

を計算して、復号した結果は、

[３２０２０６８０７５]

になります。実際これについて d、e を求めると、どちらも 0 となります。

第4章
変化をとらえる
──数列と対数の応用

1　株価を見るとき、なぜ対数がよいのか

　最初に指数や対数について、簡単に復習しましょう。
正の数 a に対し、

$$a \times a,\ a \times a \times a,\ a \times a \times a \times a,\ \cdots$$

のように、a をいくつか掛け合わせた数を**累乗**といい、
順に、

$$a^2(a \text{の2乗}),\ a^3(a \text{の3乗}),\ a^4(a \text{の4乗}),\ \cdots$$

と表します。a の右上に小さく書いた 2、3、4、…を
（累乗）の**指数**といいます。また、0 と自然数 n に対し
て、

$$a^0 = 1,\ a^{-n} = \frac{1}{a^n}$$

と定めます。
　次に、2 以上の自然数 n と正の数 a に対し、$x^n = a$ を
満たす正の数 x はただ 1 つ存在することから、それを
$\sqrt[n]{a}$ で表します。とくに $n = 2$ のときは、$\sqrt[2]{a}$ を $\sqrt{a}$ で表
します。
　上の定義のもとで、正の数 a の有理数乗について定
めましょう。なお有理数とは、整数 m と自然数 n によ

第4章　変化をとらえる——数列と対数の応用　　103

って $\dfrac{m}{n}$ と表される数のことです。まず、

$$a^{\frac{m}{n}} = \sqrt[n]{a^m} \quad \cdots(\text{☆})$$

と定めます。

　ここで一つ注意すべき点があります。それは、

$$\dfrac{2}{3} = \dfrac{4}{6} = \dfrac{6}{9} = \dfrac{8}{12} = \ \cdots$$

のように、1つの有理数はいろいろな形で表せます。そこで、論理的には

$$\sqrt[3]{a^2} = \sqrt[6]{a^4} = \sqrt[9]{a^6} = \sqrt[12]{a^8} = \ \cdots$$

のように、有理数の表示の仕方とは無関係であることを踏まえた上で、次の指数法則に入るのです。

指数法則　a、b を正の数とし、r、s を有理数とすれば、以下が成り立つ。

（ ⅰ ）　$a^r a^s = a^{r+s}$, $\dfrac{a^r}{a^s} = a^{r-s}$

（ ⅱ ）　$(a^r)^s = a^{rs}$

（ ⅲ ）　$(ab)^r = a^r b^r$, $\left(\dfrac{a}{b}\right)^r = \dfrac{a^r}{b^r}$

　さらに、厳密に述べると大学レベルの数学になりますが、指数法則における r、s は有理数から一般の実数に拡張できます。それによって、正の数 a に対し、実数全体の集合を定義域（変域）とする関数

$$y = a^x$$

が定義されるのです。この関数を、a を底とする x の指

数関数といいます。ちなみに、この関数のグラフは以下のようになります。a の値によって2つに分けていることに注意しましょう。

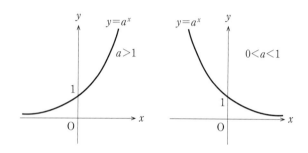

これから、17世紀前半にスコットランド人ネイピアとスイス人ビュルギがそれぞれ独自に発見した対数を簡単に復習します。まず、以下の□に適当な数を入れる問題を考えてみましょう。

（ア） $2^{\square} = 16$、（イ） $2^{\square} = \dfrac{1}{8}$、（ウ） $10^{\square} = 1$

この問題の答えは順に、（ア）4 、（イ）－3 、（ウ）0 となります。

対数は、この問題で□を求めるようなもので、順に次のように表します。

（ア） $\log_2 16 = 4$、（イ） $\log_2 \dfrac{1}{8} = -3$
（ウ） $\log_{10} 1 = 0$

そして、対数を一般的に定義すると次のようになります。指数関数のグラフを参照することによって、関数

第4章　変化をとらえる——数列と対数の応用　　105

$$y = a^x\,(a > 0\,,\ a \neq 1)$$

については、任意の正の数 M に対し、

$$M = a^p$$

を満たす p がただ 1 つ存在します。この p を

$$\log_a M$$

で表し、a を底とする M の**対数**といい、M を $\log_a M$ の
真数といいます。

$$\log_a 1 = 0\,,\ \ \log_a a = 1\,,\ \ \log_a a^p = p$$

の 3 つの式は明らかに成り立ちます。

　10 を底とする対数を常用対数といい、次節でも説明
する自然対数の底 e を底とする対数は微分積分で用いま
すが、本書では深入りしません。

　さて、

$$\log_{10} 1000 = 3、\ \ \log_{10} 1000000 = 6、$$
$$\log_{10} 0.01 = -2、\ \ \log_{10} 0.00001 = -5$$

の 4 つの式を見ることにより、対数という "メガネ" を
通して見ると、相当大きい数は扱いやすい手頃な正の数
になり、0 に非常に近い正の数は扱いやすい手頃な負の
数になることが分かるでしょう。

　実際、対数の発見によって、相当大きい数を扱う天文
学や、0 に非常に近い正の数を扱う微生物学が飛躍的に
発展したのです。また 19 世紀には、ヴェーバー・フェ
ヒナーの法則というものによって、人間の感覚は与えら

れた刺激の変化に対して、その対数の変化を感じると理解されるようになりました。

次に、$a>0, a\neq 1$ のとき、正の数全体 $\{x|x>0\}$ で定められる関数

$$y = \log_a x$$

が考えられますが、これを a を底とする**対数関数**といいます。このグラフを、指数関数のグラフおよび直線 $y=x$ のグラフと一緒に描くと、次のようになります。ここでも、a の値によって2つに分けていることに注意しましょう。

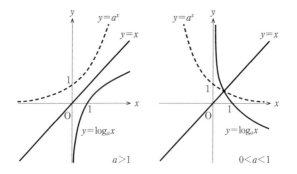

とくに底が 10 の常用対数表や底が e の自然対数表は広く知られていますが、最近では常用対数表や自然対数表が組み込まれている電卓も少なくありません。

$$\log_{10} 2 \fallingdotseq 0.3010, \quad \log_{10} 3 \fallingdotseq 0.4771$$

の2つはよく知られています。

対数に関しては、次の公式が成り立ちます。証明で

は、広く知られているように指数法則を本質的に用います。

対数公式　r は実数、a, b, c, M, N は正の数で $a \neq 1, c \neq 1$ のとき、以下が成り立つ。

（ i ）　$\log_a MN = \log_a M + \log_a N$

（ ii ）　$\log_a \dfrac{M}{N} = \log_a M - \log_a N$

（iii）　$\log_a M^r = r \log_a M$

（iv）　（底の変換）$\log_a b = \dfrac{\log_c b}{\log_c a}$

　これから、本節の核心に入っていきます。1 株 100 円の株を 1 万株購入して 120 円で売却すると、購入代金は 100 万円で利益は 20 万円になります。一方、1 株 1000 円の株を 1000 株購入して 1200 円で売却しても、購入代金は 100 万円で利益は 20 万円になります。前者の株は 20 円の値上がりで、後者の株は 200 円の値上がりです。

　ここで 100 万円の株式投資と考えると、大切なポイントは株価が 1.2 倍になったということだけです。すなわち、値上がり分の価格ではなく、値上がり分の倍率が投資にとっては重要な数値なのです。

　普通に考えると、株価のグラフは縦軸に沿って、100円、200 円、300 円、400 円、500 円というように、縦方向に同じ値幅の長さが等しくなるように目盛を設けるでしょう。100 円と 200 円の幅が 1 cm ならば、200 円と 300 円、300 円と 400 円、400 円と 500 円の値幅も同じ

1 cm です。

　しかし**対数グラフ**は違って、縦軸に沿って 100 円、200 円、400 円、800 円、1600 円というように、縦方向に同じ倍率で増える値幅の長さが等しくなるように目盛を設けます。100 円と 200 円の幅が 1 cm ならば、200 円と 400 円、400 円と 800 円、800 円と 1600 円の値幅も同じです。

　いま 800 万円を 1 つの銘柄で株式投資する人にとって、株価 100 円の銘柄 8 万株を購入して 1 年後に株価 200 円で売却して 800 万円の売却益を出すことは下図の A から B への推移であり、株価 800 円の銘柄 1 万株を購入して 1 年後に株価 1600 円で売却して 800 万円の売却益を出すことは下図の D から E への推移なのです。

　要するに、同じ長さの期間で 2 つの銘柄 X と Y を同一資金で投資する人にとっては、X と Y の推移を対数グラフで比較して、それらの傾きが急な方が利益を多く生み、それらの傾きが同じならば同じ利益を生むことを頭に入れて検討すればよいのです。

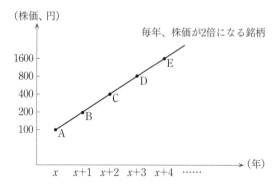

第4章　変化をとらえる――数列と対数の応用　　109

　ちなみに、底を 2 とする対数を考えると、

$$\log_2 200 - \log_2 100 = \log_2 2 = 1 \quad 、$$

$$\log_2 400 - \log_2 200 = \log_2 2 = 1 \quad 、$$

$$\log_2 800 - \log_2 400 = \log_2 2 = 1 \quad 、$$

$$\log_2 1600 - \log_2 800 = \log_2 2 = 1$$

が成り立ちます（対数公式（ⅱ）参照）。
　以上から、海外の投資家は対数グラフで株価を見ることが普通である理由が分かっていただけたことでしょう。

　さて、毎日のように掲載される新聞株価欄を見てください。全銘柄の株価の先頭の数字に注目し、1、2、3、4、5、6、7、8、9 それぞれが何個ずつあったかを集計すると、思わぬ発見をするはずです。2650 円の先頭の数字は 2、871 円の先頭の数字は 8 です。集計結果は、1 が最も多く、2、3、4 となるにしたがって減っていくはずです。
　実は、1881 年に天文学者ニューコムは、あらゆる 10 進法の数値を対象とすると、0 でない先頭の数字が d となる確率は、

$$\log_{10}\left(1 + \frac{1}{d}\right) \quad \cdots \quad （★）$$

であることを予想しました。なお、89.77 と 0.0294 の先頭の数字はそれぞれ 8 と 2 です。そして 1938 年には、物

理学者ベンフォードは様々な分野から膨大なデータを集めてそれを確信し、それでベンフォードの法則と名付けられました。ただ、その法則が理論的にしっかり裏付けられたのは比較的最近になってからで、1990年代のT.ヒルによる研究です。

　数表を参考にして、$d = 1, 2, 3, \cdots, 9$ に対する（★）の値（小数点第4位で四捨五入）を表にしましょう。

d	1	2	3	4	5	6	7	8	9
★	0.301	0.176	0.125	0.097	0.079	0.067	0.058	0.051	0.046

　ここで、$d = 1, 2, 3, \cdots, 9$ について（★）の和をとると、対数公式（ⅰ）を用いて、

$$\log_{10} 2 + \log_{10} \frac{3}{2} + \log_{10} \frac{4}{3} + \cdots + \log_{10} \frac{10}{9}$$

$$= \log_{10} \left(2 \times \frac{3}{2} \times \frac{4}{3} \times \cdots \times \frac{10}{9} \right)$$

$$= \log_{10} 10 = 1$$

となることに留意しましょう。もちろん、上式最後の1は、確率100％の意味です。

　具体的に、階乗の計算 $n!$ の n について、1～5000までの数字を代入したときに現れる最上位の数字を調べると、次の表のようになります。上の表の理論値に近いことが分かるでしょう。なお、

$$5! = 5 \times 4 \times 3 \times 2 \times 1 = 120$$

なので、n が5のときは、1が先頭の数字としてカウン

第4章　変化をとらえる——数列と対数の応用　　111

トされます。

最上位	1	2	3	4	5	6	7	8	9
度数	1491	892	605	477	396	387	282	255	215
割合 (%)	29.8	17.8	12.1	9.5	7.9	7.7	5.6	5.1	4.3

　大会社の会計に関する大きな報告書で先頭の数字を全部調べると、やはりベンフォードの法則に近いものが成り立つそうです。集計結果がベンフォードの法則と懸け離れたものになると、疑われてしまうかも知れません。

2　累乗の恐怖と自然対数の底 e

　日頃から指数関数 $y = a^x$ のグラフとして前節の最初に紹介したものばかりを眺めていると、累乗の変化を軽んじてしまうことが多々あります。それは、数に対する感覚を誤った方向に導いてしまうこともあり、危険なことなのです。まず、それを理解できる例を挙げましょう。

例（トイチ金融）　違法なヤミ金融の世界でよく聞くトイチ金融は、10日間ごとに1割の利息が複利でかかるものです。たった1円をトイチで借りて、10年間全く返済しなかった場合、元利合計はなんと 1000 兆円をも超えてしまいます。近似値

$$\log_{10} 1.1 = 0.04139 \quad \cdots (\,*\,)$$

を用いて（常用対数表参照）、それを説明しましょう。

まず、トイチの意味から説明すると、1万円をトイチで借りて長期間にわたって1円も返さないとすると、10日後の元利合計は1万1000円、20日後の元利合計は1万2100円、30日後の元利合計は1万3310円、……というように、10日間ごとに1.1を次々と掛けていくことになります。

　1年を365日とすると、10年は3650日です。たったの1円をトイチで10年間借りっぱなしにすると、10年後の元利合計は、

$$1 \times (1.1)^{365}(円)$$

となります。いま、

$$x = (1.1)^{365}$$

とおくと、前節の対数公式（ⅲ）と（＊）から

$$\log_{10} x = \log_{10}(1.1)^{365} = 365\log_{10}1.1$$
$$\log_{10} x = 365 \times 0.04139 = 15.10735$$

を得ます。したがって、

$$x = 10^{15.10735} > 10^{15} = 1000兆（円）$$

となるのです。

　上の例のように、累乗の変化には恐ろしいものがあります。そして、前節で紹介した指数関数 $y = a^x$ のグラフでは、激しく変化する部分を示していないことに気付くでしょう。すなわち、局所的なグラフには慣れていても、大域的なグラフには慣れていないことに留意したい

第4章　変化をとらえる——数列と対数の応用　　113

のです。

　それでは、累乗に似たような変化があって、ある値に収束する（限りなく近づく）例を思い浮かべると、1章5節でも触れた**自然対数の底** e を挙げなくてはなりません。それは以下のような、インフレ状態の国の定期預金の話題から導入することができます。

　その国には年利100％の1年定期預金があるとします。元金 a をそれに預けると、1年後には、

$$(1 + 1)a = 2a$$

になります。

　また、その国には年利100％の6カ月定期預金があるとすると、元金 a をそこに預けて複利運用すると、1年後には、

$$\left(1 + \frac{1}{2}\right)^2 a = 2.25a$$

になります。

　さらに、その国には年利100％の4カ月定期預金があるとすると、元金 a をそこに預けて複利運用すると、1年後には

$$\left(1 + \frac{1}{3}\right)^3 a = (2.370370\cdots)a$$

になります。

　そして、すべての自然数 n について、

114

$$a_n = \left(1 + \frac{1}{n}\right)^n$$

とおくと、数列 $\{a_n\}$（数列 $a_1, a_2, a_3, \cdots, a_n, \cdots$）は限りなく

$$e = 2.718281828459\cdots\cdots$$

に近づくことが証明できます。

　遠くないうちにインフレが日本を襲うような予想もあるだけに、微分積分学で重要な自然対数の底 e に関しては、このような見方もあることを認識しておきたいものです。

3　3種類ある平均と加重平均

　小学生に「平均とは何ですか」と聞くと、「いくつかの数字があって、それらの合計をそれらの個数で割ったもの」という意味の答え方をします。ところが平均という字が付くものには、相加平均、単純平均、加重平均、相乗平均、調和平均など、いろいろあります。しかも、それらはどれも生活やビジネスで役立つ重要な概念でもあります。そこで本節では、それらの説明をしましょう。どれも、「全体をならす」という発想が根底にあることに留意してください。

　まず、冒頭で述べた小学生の答えは、**相加平均**のことです。5人の生徒の身長が

152 cm、147 cm、159 cm、143 cm、154 cm

のとき、それらの平均を求めると、

$$(152 + 147 + 159 + 143 + 154) \div 5 = 755 \div 5$$
$$= 151 \text{(cm)}$$

となります。

　単純平均と加重平均はどちらも相加平均なのですが、対象とするものからの計算方法が違います。その違いを、小さな果物屋さんの価格で説明しましょう。

　お店には、1個30円のミカンが8個、1個110円のリンゴが5個、1個400円のパパイヤが2個あるとします。それらの**単純平均**とは、

$$\frac{30 + 110 + 400}{3} = \frac{540}{3} = 180 \text{(円)}$$

と計算した答えで、各々の個数を無視した価格の相加平均のことです。

　一方、それらの**加重平均**とは、

$$\frac{30 \times 8 + 110 \times 5 + 400 \times 2}{8 + 5 + 2}$$

$$= \frac{240 + 550 + 800}{15} = \frac{1590}{15} = 106 \text{(円)}$$

と計算した答えで、各々の個数をも加味した価格の相加平均のことです。

　参考までに、日本の経済指標を表す日経平均株価と東証株価指数TOPIXについて、前者は東証一部上場銘柄のうちの225銘柄に関する単純平均の考え方で算出したものであり、後者は一部上場全銘柄の浮動株に関する加

重平均の考え方で算出したものです。

　次に「平均経済成長率」という言葉から、**相乗平均**について説明しましょう。2002年2月に始まった景気拡大は2006年11月で58カ月目となり、1965年11月から4年9カ月にわたって続いた「いざなぎ景気」を超えたと当時言われたものです。その間の景気回復は戦後"最長"となったものの、多くの国民にとってはあまり実感の伴わない回復だったようです。

　まず、GDPに関するデータの発表では**四半期**という言葉がよく使われます。これは1年を1月から3月、4月から6月、7月から9月、10月から12月の4期に分けたうちの1つを意味します。ここで、それらを順に第1、第2、第3、第4の四半期と呼ぶことにしましょう。

　もし第1四半期で1％成長し、第2四半期で2％成長し、第3四半期で5％成長し、第4四半期で3％成長したとすると、その年の成長は、

$$1 + 2 + 5 + 3 = 11 （\%）$$

となるでしょうか。これは誤りで、

$$1.01 × 1.02 × 1.05 × 1.03 = 1.1141613$$

と計算して、約11.4％成長したと見ることが正しいのです。

　「いざなぎ景気」は4年9カ月にわたって続き、その間に67.8％成長しました。「いざなぎ景気」を超えたと言われた2006年11月頃の新聞やテレビ報道などで、4年9カ月にわたって続いた「いざなぎ景気」の年平均成

第4章　変化をとらえる——数列と対数の応用　117

長率は 14.3 ％というものもあれば、11.5 ％というもの
もありました。当時、不思議に思って計算したところ、
前者は、4 年 9 カ月は 4.75 年なので、

$$67.8 \div 4.75 = 14.27\cdots$$

という計算式から導いたことが判明したのです。これは
上で説明したことからも、誤りであることが分かりま
す。実際、

$$1.143の4乗 = 1.143 \times 1.143 \times 1.143 \times 1.143$$
$$= 1.70\cdots$$

なので、既に 4 年間で 70 ％を超す成長をした数値なの
です。いざなぎ景気の年平均成長率は 11.5 ％が正し
く、それは次のようにして導かれます。

　四半期、すなわち 3 カ月ごとの単位で考えることにす
ると、4 年 9 カ月は 3 カ月が

$$4 \times 4 + 3 = 19 \,(個)$$

あることになります。いま、

$$1.0276の19乗 \fallingdotseq 1.677$$

なので、4 年 9 カ月で 67.8 ％成長したいざなぎ景気の 3
カ月単位の平均成長率は約 2.76 ％になるのです。そし
て、

$$1.0276の4乗 = 1.115\cdots$$

となるので、いざなぎ景気の年平均成長率は 11.5 ％が
正しいです。

当時、私はそのような誤った報道をしたマスコミに上記の説明を丁寧に伝えましたが、「いざなぎ景気の年平均成長率 14.3 ％は誤りで、正しくは 11.5 ％」という訂正の記事やコメントは見聞きしませんでした。そこで少し間を置いてから、雑誌や著書に年平均成長率の説明を各種の平均のうちの一例（相乗平均）として、上記のことを書いたことを思い出します。

　「平均成長率」は、消費税増税問題の核心にある「景気条項」のキーワードであることに鑑みても、大切に扱うべきでしょう。ちなみに、平均成長率の考え方を一般化した相乗平均の定義を述べると、次のようになります。

　0 以上の n 個の数 a_1、a_2、a_3、…、a_n の**相乗平均** α は、

$$\alpha = \sqrt[n]{a_1 a_2 a_3 \cdots a_n}$$

で与えられます。すなわち、α は、

$$\alpha^n = a_1 a_2 a_3 \cdots a_n$$

をみたす 0 以上の数です。

　高校数学で、0 以上の実数 a、b に対し a と b の相乗平均は $\sqrt{ab}$ で、

$$\sqrt{ab} \leq \frac{a + b}{2}$$

が成り立つことを学んだことでしょう。恐らく、「相加平均は相乗平均以上」という表現で覚えられたと思います。実際、この表現は一般的に成り立つ次式でも用いら

第4章 変化をとらえる——数列と対数の応用 119

れます。

$$\sqrt[n]{a_1 a_2 a_3 \cdots a_n} \leq \frac{a_1 + a_2 + a_3 + \cdots + a_n}{n}$$

上式の証明はやや難しいものになるので省略しますが、拙著『新体系・高校数学の教科書（上）』の補章に笑ってしまうような証明を載せてあります。

最後に、**調和平均**について説明しましょう。算数の問題で、「ABの間の距離が60 kmで、AからBまでの往路を時速30 km、BからAまでの復路を時速50 kmで走る自動車の往復の平均速度を求めよ」というものがあります。

この問題で小学生がよく間違えるのは、

$$(30 + 50) \div 2 = 40$$

というように、30と50の相加平均を計算してしまうことです。これについては、求める速度は「往復の全区間を同じ速度に"ならして"走行した場合の速度」と考えればよいのです。すると、求める平均速度は、

$$\frac{60 \times 2}{\dfrac{60}{30} + \dfrac{60}{50}} = \frac{2}{\dfrac{1}{30} + \dfrac{1}{50}} = 37.5 \,(\text{km/時})$$

となります。

上式の真ん中にある2つの等号に挟まれた部分は、数字30と50の**調和平均**と呼ばれるものであり、AB間の距離とは無関係な値になることに注目してください。困

ったことに、往復の平均速度だけで調和平均を学ぶことから、「調和平均とは2つの数字だけに適用するもの」という勘違いをしている人たちが多くいます。

実際は、大多数の人たちは毎日のように家庭で調和平均のお世話になっています。それは、たとえばテレビ、エアコン、冷蔵庫のスイッチがONになっているとき、図のように各電気機器は並列に繋がった電気抵抗の役割を演じています。

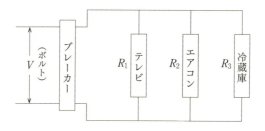

電圧を V（ボルト）、テレビ、エアコン、冷蔵庫の抵抗をそれぞれ R_1（オーム）、R_2（オーム）、R_3（オーム）とすると、全体の電流 I（アンペア）は、

$$I = \frac{V}{R_1} + \frac{V}{R_2} + \frac{V}{R_3} = V\left(\frac{1}{R_1} + \frac{1}{R_2} + \frac{1}{R_3}\right)$$

になります。そこで、全機器の電気抵抗の総和 R（オーム）は、

$$R = \frac{V}{I} = \frac{1}{\frac{1}{R_1} + \frac{1}{R_2} + \frac{1}{R_3}}$$

第 4 章　変化をとらえる──数列と対数の応用　　121

となります。もし、テレビ、エアコン、冷蔵庫それぞれ
に替わって、同じ抵抗 R_0（オーム）をそれぞれに繋い
だ状況を考えると、すなわち R_1、R_2、R_3 がどれも R_0 に
なると、

$$\cfrac{1}{\dfrac{1}{R_0} + \dfrac{1}{R_0} + \dfrac{1}{R_0}} = \cfrac{1}{\dfrac{1}{R_1} + \dfrac{1}{R_2} + \dfrac{1}{R_3}}$$

$$R_0 = \cfrac{1}{\dfrac{1}{R_0}} = \cfrac{3}{\dfrac{1}{R_1} + \dfrac{1}{R_2} + \dfrac{1}{R_3}}$$

を得ます。

上式右辺は R_1、R_2、R_3 の「調和平均」と呼ばれるも
ので、一般に n 個の正の数 a_1、a_2、a_3、…、a_n に対し、
それらの**調和平均**は、

$$\cfrac{n}{\dfrac{1}{a_1} + \dfrac{1}{a_2} + \dfrac{1}{a_3} + \cdots + \dfrac{1}{a_n}}$$

で与えられます。これについては、a_1、a_2、a_3、…、a_n
の相乗平均以下を意味する不等式

$$\cfrac{n}{\dfrac{1}{a_1} + \dfrac{1}{a_2} + \dfrac{1}{a_3} + \cdots + \dfrac{1}{a_n}} \leqq \sqrt[n]{a_1 a_2 a_3 \cdots a_n}$$

が一般に成り立ちます。

ちなみに上式については、$\dfrac{1}{a_1}, \dfrac{1}{a_2}, \dfrac{1}{a_3}, \cdots, \dfrac{1}{a_n}$ の相加平
均は相乗平均以上なので、

$$\frac{\dfrac{1}{a_1} + \dfrac{1}{a_2} + \dfrac{1}{a_3} + \cdots + \dfrac{1}{a_n}}{n} \geqq \sqrt[n]{\frac{1}{a_1} \cdot \frac{1}{a_2} \cdot \frac{1}{a_3} \cdots \frac{1}{a_n}}$$

が成り立ちます。そして、この式の両辺の逆数をとることによって導かれます。

本節を通してとくに訴えたいことは、平均成長率の考え方は国に関することばかりでなく、企業あるいは個人に関することでもしばしば用いられます。そのようなとき、相加平均ではなく相乗平均の考え方を思い出してもらいたいのです。

4　積立貯金と元利均等返済

等比数列の和に関する次の公式を高校数学で学びます。

初項が a、**公比** r $(r \neq 0, 1)$、**項数** n **の等比数列**（末項は ar^{n-1}）の和 S_n は、

$$S_n = a + ar + ar^2 + \cdots + ar^{n-2} + ar^{n-1}$$
$$= \frac{a(1 - r^n)}{1 - r} = \frac{a(r^n - 1)}{r - 1}$$

およそ積立貯金と元利均等返済は、この公式の応用と見なせます。具体例によって両方を学びますので、それぞれを実際に応用できるようにしましょう。

毎年の誕生日に 10 万円ずつの積立定期預金を行うと、20 年後の元利合計（元金と利息の合計）はいくらぐらいになるでしょうか。ただし、年利率（1 年間の利

第4章　変化をとらえる——数列と対数の応用　　123

息の利率）は5%とし、1年ごとの複利（1年ごとにそれまでの利息分にも同じ利率で利息が加えられる方法）として計算します。

　毎年の積立額を a（円）、年利率を r、積立期間を n（年）として、一般的な式で考えてみましょう。なお、ここでは、

$$a = 100000（円）、\quad r = 0.05$$

となっています。

　最初の積立金 a の1年後の利息は ar となるので、最初の積立金についての1年後の元利合計は

$$a + ar = a(1 + r)$$

です。また、$a(1 + r)$ の1年後の元利合計は、

$$a(1 + r) \times (1 + r) = a(1 + r)^2$$

になるので、最初の積立金の2年後の元利を合計すると $a(1 + r)^2$ になります。同様に考えて、最初の積立金の3年後の元利合計は $a(1 + r)^3$、…、n 年後の元利合計は $a(1 + r)^n$ となります。

　次に、2回目の積立金 a についても上と同じように計算しますが、この預金期間は $n - 1$ 年になるので、2回目の積立金 a の満期（最初の積立てを始めてから n 年後）の元利合計は $a(1 + r)^{n-1}$ となります。

　3回目の積立金 a についても上と同様に考えて、満期の元利合計は $a(1 + r)^{n-2}$ となります。

　　　…　以下同様　…

最後に、n 回目（最初の積立てを始めてから $n-1$ 年後）の積立金 a については、満期の元利合計は $a(1 + r)$ となります。

以上から、全 n 回の**積立貯金**の満期における元利合計 S は、

$$S = a(1 + r)^n + a(1 + r)^{n-1} + a(1 + r)^{n-2} + \cdots + a(1 + r)$$

となります。これは、

初項 $a(1 + r)$、公比 $1 + r$、項数 n の等比数列の和になるので、公式より、

$$S = \frac{a(1 + r)\{(1 + r)^n - 1\}}{(1 + r) - 1} = \frac{a(1 + r)\{(1 + r)^n - 1\}}{r}$$

を得ます。

$a = 100000$（円）、 $r = 0.05$（年利率5％）、
$n = 20$（20 年間）

のとき、電卓を用いて計算すると、

$$S = \frac{100000 \times 1.05 \times (1.05^{20} - 1)}{0.05}$$

$$\fallingdotseq 2000000 \times 1.05 \times 1.6533$$

$$\fallingdotseq 347（万円）$$

となります。

次に元利均等返済を考えましょう。2000 年代の前半、あちこちで「5 万円を 1 週間借りてコーヒー1 杯のお利息」というような消費者金融の広告をよく目にした

第4章　変化をとらえる——数列と対数の応用　　125

ものです。当時の借入金利の多くは出資法による上限金利の年利29.2%でした。これを年利30%、1年を50週として計算すると、消費者金融から5万円を1週間借りたときの利息は、

$$50000 \times 0.3 \div 50 = 300（円）$$

となり、確かにその広告の表現は正しいといえます。

　実際に消費者金融からお金を借りる場合、金額はもっと大きくなり、期間は長期化することが普通です。また多くの場合、返済方法は、毎回の返済額が一定の**元利均等返済**方法です。

　そこで、$a = 100$万円のお金を借り、毎回の返済額は元利均等返済方法で、ちょうどn回で完済するときの毎回の返済額d円の一般式を求めてみましょう。ただし返済は毎月1回するものとし、利息は月利$r - 1$とします（rの扱いは前半と違う）。なお月利は、年利の12分の1です。

　たとえば、年利30%ならば月利は2.5%、$r = 1.025$となります。年利18%ならば月利は1.5%、$r = 1.015$となります。

　いま、kカ月後の借金残高をy_kとおくと、

$$y_1 = ra - d$$
$$y_2 = ry_1 - d = r^2a - rd - d$$
$$y_3 = ry_2 - d = r^3a - r^2d - rd - d$$
$$\vdots$$
$$y_n = r^na - r^{n-1}d - r^{n-2}d - \cdots - rd - d$$

が成り立ちます。ここで、等比数列の和の公式

$$d + rd + rd^2 + \cdots + r^{n-2}d + r^{n-1}d = \frac{d(1 - r^n)}{1 - r}$$

を使うと、

$$y_n = r^n a - \frac{d(1 - r^n)}{1 - r}$$

を得ます。そして、ちょうど n 回で完済ということは $y_n = 0$ ということなので、

$$\frac{d(1 - r^n)}{1 - r} = r^n a$$

よって、

$$d = \frac{r^n a(r - 1)}{r^n - 1} \quad \cdots \quad (\ast)$$

を得ます。

いま、$a = 100$ 万円に対し、元利均等返済法によって5年間、すなわち60カ月で完済（$n = 60$）するものとしましょう。金利が月利 2.5%（年利 30%）と月利 1.5%（年利 18%）のそれぞれの場合について、公式 $(\ast)$ を用いて毎月の返済額 d 円を電卓で計算してみると、前者の場合が $d = 32353$ となり、後者の場合が $d = 25393$ となります。

したがって、延べ返済額はそれぞれ、

$$32353 \times 60 = 1941180（円）\quad \cdots \text{①}$$
$$25393 \times 60 = 1523580（円）\quad \cdots \text{②}$$

第4章　変化をとらえる——数列と対数の応用　　127

となります。

　冒頭に説明した「5万円を1週間借りてコーヒー1杯のお利息」で、すなわち月利 2.5％（年利 30％）で 100万円を借りて5年間の元利均等返済で返済する場合、①は元金以外の利息分として元金に近い約 94万円払うことを意味しています。

　実は出資法による上限金利は、1986年 10月までは年利 73％でした。それが段階的に引き下げられ、2000年6月以降に年利 29.2％になりました。その後 2006年になって、元本額に応じて上限金利を年利 15〜20％に定めた利息制限法と出資法の間にあるグレーゾーン金利が問題になり、消費者金融の上限金利は 2010年6月からグレーゾーン金利の廃止という形で、抜本的に改正されました。

　多くの場合、その効果として金利が年利 30％ から年利 18％ に下がったことになります。それゆえ、100万円のお金を借り、元利均等返済法によって 60カ月で完済する場合、延べ返済額は①と②の差である約 42万円が軽減されたことになります。

5　債券の現在価値とニュートン法

　本節についても、等比数列の和に関する公式の応用です。1990年代ぐらいから**資産運用**という言葉が広く使われるようになってきました。いま、一定の資金をもっている人が預貯金以外の株式や不動産などでそれを n 年間運用することを考えてみましょう。

　モデル化にあたって考えなくてはならないことは、最

初の資金 a、n 年後の株価（不動産価格）b、毎年の利子率 $r - 1$、i 年目の配当（不動産収入）$d_i (i = 1, 2, \cdots, n - 1)$ などです。なお不動産収入とは、家賃や駐車場代などのことです。

資金 a を利子率 $r - 1$ で預ける場合（利子率が 5％ならば $r = 1.05$）、n 年後に a は ar^n になります。一方、i 年目に得る配当 d_i を利子率 $r - 1$ で預ける場合、それ以後の $n - i$ 年間で d_i は $d_i r^{n-i}$ になります。

そこで n 年後に株式や不動産を価格 b で売却することを想定すれば、次式が成り立つことが妥当と考えられます。

$$ar^n = d_1 r^{n-1} + d_2 r^{n-2} + \cdots + d_{n-1} r + b \quad \cdots (*)$$

上式の両辺を r^n で割った式

$$a = \frac{d_1}{r} + \frac{d_2}{r^2} + \cdots + \frac{d_{n-1}}{r^{n-1}} + \frac{b}{r^n}$$

を**配当割引モデル**といい、現在の株価や不動産価格を評価しています。債券に置き換えていうと、a は**債券の現在価格**です。

いま、利子率を 5％（$r = 1.05$）として、不動産収入が毎年一定の d 円、すなわち、

$$d_1 = d_2 = d_3 = \cdots = d_{n-1} = d$$

となる不動産があって、n 年後に b 円で売却することを想定しましょう。この場合、等比数列の和の公式を使って、

$$a \times 1.05^n = d \times (1.05^{n-1} + 1.05^{n-2} + \cdots + 1.05) + b$$

$$a \times 1.05^n = d \times 1.05 \times \frac{1.05^{n-1} - 1}{1.05 - 1} + b$$

$$a \times 1.05^n = 21d \times (1.05^{n-1} - 1) + b$$

を得ます。

$$d = 100万（円）、b = 5000万（円）、n = 5（年）$$

という場合を考えてみると、

$$1.05^5 \fallingdotseq 1.2763、\quad 1.05^4 \fallingdotseq 1.2155$$

なので、

$$a = \{21 \times 100万 \times 0.2155 + 5000万\} \div 1.2763$$
$$\fallingdotseq 42721539（円）$$

となります。すなわち、5年後に5000万円で売却することを考えた場合、現在価値は約4272万円になります。

ここで、等式（＊）を r に関する n 次方程式と見なして考えましょう。要するに、最初の資金 a、n 年後の株価（不動産価格）b、i 年目の配当（不動産収入）$d_i (i = 1, 2, \cdots, n-1)$ を与えて、毎年の妥当な利子率 $r - 1$ を求めるようなことです。

余談ですが、一般に1元3次方程式はカルダノ（1501—76）の解法、1元4次方程式はフェラリ（1522—65）の解法によって、解くことができます。解くことができるとは、方程式の係数と四則演算、根号記号 $\sqrt[m]{}$ によって、解を表せることです。

そしてアーベル（1802—29）によって、1元5次以上の方程式は、一般に解くことはできないことが証明されました。いわゆるガロア理論は、解くことができる（できない）方程式の特徴を、群論という立場から深く述べたものです。

実は、ときどき勘違いされる方がいるようで、「解けない方程式は無いはずですが……」という質問を受けます。要するに、計算機では解の近似値をいくらでも精度を上げて求めることができることと、上で述べた「方程式は解けない」を勘違いされているのです。この点だけは留意していただいて、近似値を求める一つの方法の**ニュートン法**の考え方について説明しておきましょう。ニュートン法は、計算機を用いて方程式を解くためのソフトに組み込まれているもので、収束速度が非常に早く優れたものです。

等式（＊）から導かれる n 次関数

$$f(x) = ax^n - d_1x^{n-1} - d_2x^{n-2} - \cdots - d_{n-1}x - b$$

と x 軸との交点座標の近似値を求めるのですが $(n \geqq 2)$、交点座標の近くでは次の4つのグラフのどれかになっています。

第 4 章 変化をとらえる——数列と対数の応用　131

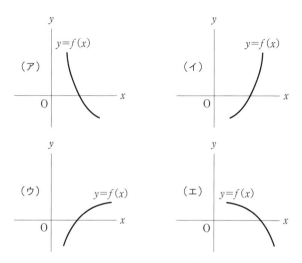

　そしてニュートン法を、(ア) の場合について次ページの図を用いて説明すると、
曲線 $y = f(x)$ 上の点 $(a, f(a))$ における接線と x 軸との交点座標を a_1 とし、
曲線 $y = f(x)$ 上の点 $(a_1, f(a_1))$ における接線と x 軸との交点座標を a_2 とし、
曲線 $y = f(x)$ 上の点 $(a_2, f(a_2))$ における接線と x 軸との交点座標を a_3 とし、
　　……
以下、同様に行っていくと、数列 $\{a_n\}$ ができます。そして、この数列は方程式 $f(x) = 0$ の 1 つの実根（実数解）c に**収束する**（限りなく近づく）ことが（微分積分学の議論によって）分かります。

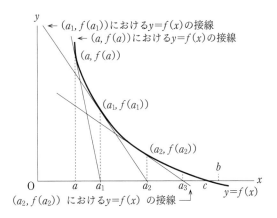

6 乗数効果を一般化して得られるビジネスでの発想（☆）

一般に数列 $\{a_n\}$ に対し、形式的な式

$$a_1 + a_2 + a_3 + \cdots + a_n + \cdots$$

を**無限級数**、あるいは単に**級数**といい、

$$\sum_{n=1}^{\infty} a_n$$

で表します。そして、

$$S_n = \sum_{k=1}^{n} a_k = a_1 + a_2 + a_3 + \cdots + a_n$$

に対し、数列 $\{S_n\}$ が収束して極限値が S になるならば、すなわち数列 $\{S_n\}$ が限りなく S に近づくならば、級数 $\sum_{n=1}^{\infty} a_n$ も**収束**し、その和は S であるといい、

第4章　変化をとらえる——数列と対数の応用　133

$$\sum_{n=1}^{\infty} a_n = S$$

と表します。また、数列 $\{S_n\}$ が**発散**するときは、すなわち数列 $\{S_n\}$ が収束しないときは、級数 $\displaystyle\sum_{n=1}^{\infty} a_n$ は発散するといいます。

　一つ例を挙げると、数列 $\{a_n\}$ を

$$0.9 \text{、} 0.09 \text{、} 0.009 \text{、} 0.0009 \text{、} \cdots$$

とするとき、

$$S_1 = 0.9, \ S_2 = 0.99, \ S_3 = 0.999, \ S_4 = 0.9999, \cdots$$

となります。このとき、数列 $\{S_n\}$ は限りなく 1 に近づくので、

$$\sum_{n=1}^{\infty} a_n = 1$$

と表すことになります。

　無限級数の中で最もよく用いられるものは、**無限等比級数**あるいは単に**等比級数**と呼ばれるものです。これは等比数列から作られる級数

$$\sum_{n=1}^{\infty} ar^{n-1} = a + ar + ar^2 + ar^3 + \cdots$$

のことで、いろいろな場面で現れます。次の公式はよく用いられます。

公式（無限等比級数の和）

　$a \neq 0$ のとき、無限等比級数

$$a + ar + ar^2 + ar^3 + \cdots + ar^{n-1} + \cdots$$

は $|r| < 1$ のとき収束して、その和は $\dfrac{a}{1-r}$ になる。$|r|$ $\geqq 1$ のときは、発散する。

　以上で準備は終わって、応用の話題に入っていきたいと思います。まず、経済学のくもの**巣理論**を紹介しましょう。

　ある商品についての需要量（x軸）と価格（y軸）の関係を図示したグラフを**需要曲線**といい、供給量（x軸）と価格（y軸）の関係を図示したグラフを**供給曲線**といいます。

　明らかに需要曲線 D は傾きが負（右肩下がり）の曲線であり、供給曲線 S は傾きが正（右肩上がり）の曲線です。くもの巣理論はそれらを一緒にしたグラフで考えますが、便宜上どちらも直線として考えます。

　一般に需要の反応と供給の反応には、時間的差異があり、価格と取引量は変動するものです。図Ⅰは誰もが使う日用雑貨品のように、需要曲線の勾配が供給曲線のそれよりゆるやかな場合で、$M_1, M_2, M_3, \cdots$ と進むにしたがって価格は均衡価格 P_0 に落ち着く状態を示しています。逆に図Ⅱはギャンブル性の強い投機的商品のように、供給曲線の勾配が需要曲線のそれよりゆるやかな場合で、$M_1, M_2, M_3, \cdots$ と進むにしたがって価格は発散する状態を示しています。また図Ⅲは両者の勾配が等しい場合で、$M_1, M_2, M_3, \cdots$ と進むにしたがって価格は振動する状態を示しています。

　さて図Ⅰ、Ⅱ、Ⅲにおいて、M_{2n-1}（n は自然数）の y 座標を P_n とします。

　　　　M_1 と M_2 の距離 $= a$、M_3 と M_4 の距離 $= b$ とおくと、

第4章 変化をとらえる——数列と対数の応用　　135

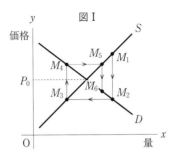

図Ⅰ

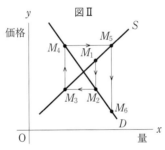

図Ⅱ

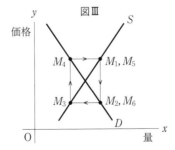

図Ⅲ

$$P_2 - P_1 = -a, \quad P_3 - P_2 = b,$$

$$P_4 - P_3 = -\frac{b^2}{a}, \quad P_5 - P_4 = \frac{b^3}{a^2},$$

$$P_6 - P_5 = -\frac{b^4}{a^3}, \quad P_7 - P_6 = \frac{b^5}{a^4},$$

$$\cdots$$

となることが相似の性質を使うと分かります。

よって等比数列の和の公式を用いると、

$$P_{n+1} = P_1 + (P_2 - P_1) + (P_3 - P_2) + \cdots + (P_{n+1} - P_n)$$

$$= P_1 - \left\{ a - b + \frac{b^2}{a} - \frac{b^3}{a^2} + \frac{b^4}{a^3} - \cdots + a\left(-\frac{b}{a}\right)^{n-1} \right\}$$

を得ます。ここで n を限りなく大きくすることを考えます。

$a > b$ のとき（図 I に対応）、公式を用いて、

$$\sum_{n=1}^{\infty} a\left(-\frac{b}{a}\right)^{n-1}$$

$$= a - b + \frac{b^2}{a} - \frac{b^3}{a^2} + \frac{b^4}{a^3} - \frac{b^5}{a^4} + \cdots$$

$$= \frac{a}{1 + \dfrac{b}{a}} = \frac{a^2}{a + b}$$

$a \leqq b$ のとき（図 II、III に対応）、$\sum_{n=1}^{\infty} a\left(-\dfrac{b}{a}\right)^{n-1}$ は発散します。

とくに図 I において、

第4章　変化をとらえる──数列と対数の応用　137

$$P_0 = P_1 - \frac{a^2}{a + b}$$

となります。

　次に、1980年代後半に起こったバブル経済は、1990年代の長引く不況をもたらす原因になったのですが、その本質は土地バブルであり、その発生メカニズムを解明しておきましょう。

　当時の国民心理は、「土地価格は上がっても下がることはなく、世界の中心都市になりつつある東京の地価はまだまだ上昇する」というものでした。それゆえ、「東京では家族そろって暮らすことはできなくなり、多くのサラリーマンは週末に家族と暮らす家を田舎にもち、平日は都心のワンルームマンションで生活するようになる」という今から考えれば極めて異常な主張を、多くは信じて疑わなかったのです。

　そのような時代背景から、一部の不動産の売り主は、契約時の手付金の倍返し（手付金の倍を買い主に渡して契約を破棄すること）まで行って、はるかに高い価格で購入してもらえる買い主を探したのでした。当然、銀行の融資担当者は強気になり、「土地評価額の8割や9割融資は当たり前、物件によっては10割融資も行いましょう」と堂々と発言し、カバンの中には常時多数の物件情報を詰め込んでいたのです。ちなみにバブル経済期以前は、土地を担保にした銀行からの融資はせいぜい評価額の5割ぐらいでした。

　さてバブル華やかりし頃の特徴として、土地を担保に新たな土地を購入し、さらにそれを担保に新たな土地を

購入し、ということをくり返したケースが多かったことがあります。そこで、そのようなことを評価額の5割融資の世界でくり返す場合と、9割融資の世界でくり返す場合とを、もともと評価額1億円の土地をもっていたとして、公式を用いて比較検討してみましょう。

5割融資の世界では、時価にするとおよそ延べ

$$1 + 0.5 + (0.5)^2 + (0.5)^3 + \cdots = \frac{1}{1 - 0.5} = 2\,(億円)$$

の土地をもつことになります。

同様に、9割融資の世界では、時価にするとおよそ延べ

$$1 + 0.9 + (0.9)^2 + (0.9)^3 + \cdots = \frac{1}{1 - 0.9} = 10\,(億円)$$

の土地をもつことになります。

土地価格が上昇し続けるならば、どちらも問題ないことです。しかしバブルが崩壊し、土地価格が半値になったらどのようなことが起こるでしょうか（実際はピーク時の半値以下になったところが多かったのです）。5割融資の世界では、所有している土地をすべて売却すると、銀行からの融資分1億円はちょうど返済できます。しかし9割融資の世界では、所有している土地をすべて売却したとしても、銀行からの融資分9億円のうち5億円しか返済できません。すなわちこの場合には、借金4億円だけが残ってしまいます。

上で述べた考え方は、本質的には経済の**乗数効果**と同じことです。この発想は、新商品が市場で認知される広がりなどを捉えることにも適用されると考えます。

たとえば、単位期間当たり5割ずつ広がっていく場合

第4章　変化をとらえる──数列と対数の応用　139

は上で述べた5割融資の世界と同じ扱いになり、単位期間当たり9割ずつ広がっていく場合は上で述べた9割融資の世界と同じ扱いになります。

このように、乗数効果の発想は広報的ないろいろな分野にも応用できることでしょう。

7　サービスカウンターの数を扱う
待ち行列（☆）

多くの人たちにとって、ファストフード店やスーパーマーケットのレジ、あるいは銀行や郵便局のキャッシュコーナーの前で、長いこと待たされるのは苦痛です。また値段の安いコーヒーショップでは、レジ前の混雑を見て立ち寄ることをあきらめてしまうビジネスマンも少なくありません。客の側からすればレジの個数を増やしてもらいたいものの、店の側からすれば経費を考えると簡単なことではありません。

以上のような問題から、サービスカウンターの数とサービスを受けるために並ぶ行列の人数との関係を分析する**待ち行列理論**が、必要になります。

待ち行列理論の公式を紹介しますが、いくつかの仮定から述べましょう。お客の到着の仕方もお客に対するサービス時間もランダムであるものの、単位時間当たりのお客の平均到着人数をλ（定数）とし、単位時間当たりの1つのサービスカウンターでの平均的なサービス可能人数をμ（定数）とします。また、sをサービスカウンターの数とし、

$$\rho = \frac{\lambda}{s\mu}$$

とおき、$0 < \rho < 1$ を仮定します。この仮定は、列に並ぶお客さんが減っていくために必要なものです。

さらに $s \geq 2$ の場合、待っているお客は1列に並び、空いたサービスカウンターに列の先頭の人が行くこととします。ω をサービス中以外のサービスを待っているお客の平均人数とすると、以下の公式が成り立ちます。

なお証明の考え方は、サービスを待っているお客の合計人数がちょうど n 人である確率 P_n を求め、次の級数

$$\omega = \sum_{n=s}^{\infty} (n - s) P_n$$

を計算します（省略）。

公式（待ち行列）

$s = 1$ の場合: $\quad \omega = \dfrac{\rho^2}{1 - \rho}$

$s \geq 2$ の場合:

$$\omega = \frac{s^{s-1}\rho^{s+1}}{(s-1)!(1-\rho)^2 \left\{ \displaystyle\sum_{n=0}^{s-1} \frac{\lambda^n}{n!\mu^n} + \frac{\lambda^s}{(s-1)!\mu^s\left(s - \dfrac{\lambda}{\mu}\right)} \right\}}$$

例として、具体的に1時間当たり

$$\lambda = 16 \ , \ \mu = 20$$

となる状況を考えましょう。このとき、$s = 1$ ならば、

$$\rho = \frac{4}{5}, \quad \omega = 3.2 \,(\text{人})$$

となり、$s = 2$ ならば、

$$\rho = \frac{2}{5}, \quad \omega = 0.15 \,(\text{人})$$

となります。

第5章
戦略を立てる——確率の応用

1　1人を公平に選ぶ方法

　一般に、ある試行に関して想定される全事象 U のそれぞれが、どれも同じ程度に起こることが期待されるとき、それらは**同様に確か（らしい）**といいます。そのとき、U の部分集合としての事象 A に対し、U と A の要素の個数をそれぞれ $n(U)$、$n(A)$ で表すと、その試行に関する事象 A の起こる**確率** $P(A)$ は、

$$P(A) = \frac{n(A)}{n(U)}$$

によって定められます。

　たとえば、U をサイコロを投げる試行における全事象とし、A を 3 の倍数の目が出る事象とすると、

$$P(A) = \frac{n(A)}{n(U)} = \frac{2}{6} = \frac{1}{3}$$

となります。

　この「同様に確か」は、確率を冷静に考えるとき忘れてならない言葉です。実際、打率 2 割 5 分の打者が 3 打席凡退したとき、野球を実況中継しているアナウンサーが「確率的に言ってそろそろヒットを打つ頃です」と発

言しても、それほど奇妙には感じられないでしょう。しかし、3打席凡退した打率2割5分の打者が次にヒットを打つ確率も2割5分なので、「そろそろヒットを打つ頃」と発言することは間違いなのです。

例 $A, B, C, D, E, F, G, H, I, J, K$ の11人から1人を公平に選びたいとき、あみだくじならば可能であるものの時間が掛かります。じゃんけんを考えると、11は素数ゆえ、いくつかのグループに分けて行うと不公平になるので、勝負はなかなかつきそうにありません。

ところがコインとサイコロがあれば、すぐに公平に決められます。図のように対応させてから、コインとサイコロを一緒に投げればよいのです。12通りの場合は同様に確かなので、確率の考え方を用いることができます。

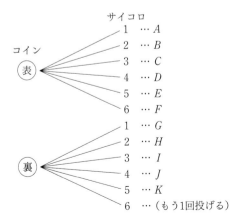

コインが裏でサイコロが6となる場合は、もう1回投げることにします。そのようになるのは確率 $\frac{1}{12}$ の事象で、何回投げてもその事象だけ起こることはあり得ないでしょう。

例の発想を応用すると、コインとサイコロだけもっていれば、何人から1人を公平に選ぶのも容易であることが分かるでしょう。たとえば、2の27乗は134217728なので、日本の人口を少し超えています。そこで、日本の国民全員を順番に並べておいて、その中から1人を公平に選ぶには、コインを27回投げればよいのです（運が悪いと、コインをもう一度27回投げることになります）。

2　じゃんけんで復習する確率計算の基礎

私が大切に保存しているノートの一つに、1990年代後半に数学科4年ゼミナール生10人が集めたじゃんけんデータをまとめたものがあります。

725人の各々が10〜20回のじゃんけんをして得たもので、延べ11567回のじゃんけんデータの内訳は、グーが4054回、チョキが3664回、パーが3849回でした。したがって、一般に人間はグーが多くチョキが少ないので、じゃんけんでは一般にパーが有利という結論が得られます。

また、そのノートにある前後2回続けた場合は延べ1万833回で、そのうち同じ手を続けて出した回数は2465回でした（ちなみに、グー、グー、チョキ、パー、パー、パー、グー、チョキ、グーと9回じゃんけん

を行った場合、2回続けた場合は、1回目と2回目、2回目と3回目、3回目と4回目、4回目と5回目、5回目と6回目、6回目と7回目、7回目と8回目、8回目と9回目です。そして、そのうち同じ手を続けて出したのは、1回目と2回目、4回目と5回目、5回目と6回目です。これに関しては、前後2回続けた場合は延べ8回で、そのうち同じ手を続けて出した回数は3回になります）。

　したがって1万833回のデータから、人間が同じ手を続ける割合は、（癖がないとしての理論値である）$\frac{1}{3}$より低く$\frac{1}{4}$ぐらいしかないのです。要するに人間は、じゃんけんで手を変えたがる癖をもつのです。これから、「2人でじゃんけんをしてあいこになったら、次に自分はその手に負ける手を出すと有利」という結論が得られます。

　以上から、人間のじゃんけんの手（グー、チョキ、パー）に関しては、「同様に確か」とはいい難い面があります。そこで、次の問題を考えてみましょう。

問題　AとB2人でじゃんけんをします。Aは毎回のじゃんけんにおいて、グーをa、チョキをb、パーをcの確率で出すとします。またBは毎回のじゃんけんにおいて、グーをp、チョキをq、パーをrの確率で出すとします。このときAがBに先に勝つ確率はどのような式で表されるでしょうか。

　じゃんけんを1回行うとき、AがBに勝つ確率をS、AとBがあいこになる確率をTとすると、

$$S = (A \text{ がグー})(B \text{ がチョキ})$$
$$+ (A \text{ がチョキ})(B \text{ がパー})$$
$$+ (A \text{ がパー})(B \text{ がグー})$$
$$= aq + br + cp$$
$$T = (A \text{ がグー})(B \text{ がグー})$$
$$+ (A \text{ がチョキ})(B \text{ がチョキ})$$
$$+ (A \text{ がパー})(B \text{ がパー})$$
$$= ap + bq + cr$$

が成り立ちます。よって、

A が B に先に勝つ確率
= （1回目に A が勝つ確率）
+ （1回目があいこで2回目に A が勝つ確率）

$$+ \begin{pmatrix} 1\text{回目、2回目はあいこで} \\ 3\text{回目に A が勝つ確率} \end{pmatrix}$$

$$+ \begin{pmatrix} 1\text{回目、2回目、3回目はあいこで} \\ 4\text{回目に A が勝つ確率} \end{pmatrix}$$

$$+ \cdots$$

$$= S + ST + ST^2 + ST^3 + \cdots$$

$$= \frac{S}{1-T} \quad （4章6節の公式を参照）$$

$$= \frac{aq + br + cp}{1 - ap - bq - cr}$$

を得ます。

　例として、A はグーを4割、チョキを2割、パーを4割の確率で出し、B はグーを5割、チョキを2割、パーを3割の確率で出すとき、

第 5 章　戦略を立てる——確率の応用　　147

A が B に先に勝つ確率

$$= \frac{0.4 \cdot 0.2 + 0.2 \cdot 0.3 + 0.4 \cdot 0.5}{1 - 0.4 \cdot 0.5 - 0.2 \cdot 0.2 - 0.4 \cdot 0.3}$$

$$= \frac{0.34}{0.64} = 0.53125$$

B が A に先に勝つ確率
$$= 1 - 0.53125 = 0.46875$$

となります。

　ところで、上の計算では 2 つの重要な性質を使っています。一つは事象 E、F に対し、E が起こったという前提で F の起こる確率を**条件付き確率**といい、記法として $P_E(F)$ で表すとき、E かつ F が起こる確率は、$P(E)$ と $P_E(F)$ の積になります。この性質を**乗法定理**といいます。

　もう一つは**余事象の確率**と呼ばれるもので、事象 E に対し、E でないという事象を E の余事象といい $\overline{E}$ で表すとき、この確率 $P(\overline{E})$ は 1 から $P(E)$ を引いたものになることです。

3　まぐれ当たりと大数の法則

　宝くじやギャンブルが偶然に当たったことを忘れ、「自分ならばもっと当たる」と思い込んでしまう人は実に多いようです。「ギャンブルはとことん負け続けないとやめられない」と言われるのもそれゆえでしょう。

ここで正常なコインやサイコロがあるとします。コインを何回も投げ続けていくにしたがって表の出る割合が $\frac{1}{2}$ に近づいたり、サイコロを何回も投げ続けていくにしたがって1の目の出る割合が $\frac{1}{6}$ に近づいたりすることは、理論よりもむしろ経験によって学習することです。そのような経験を一般化したものに**大数の法則**というものがあり、以下のように述べられます。

　1回の試行で事象 A の起こる確率が p であるとき、この試行を独立に n 回くり返した場合に事象 A の起こる回数を f とすると、n を限りなく大きくすれば $\frac{f}{n}$ は限りなく p に近づきます。すなわち、

$$\lim_{n \to \infty} \frac{f}{n} = p$$

が成り立ちます。

　大数の法則は当たり前のように思われるかもしれませんが、宝くじやギャンブルに熱くなり過ぎている者にとっては常に思い浮かべなくてはならない法則でしょう。すなわち、ほんの数回のギャンブルで勝った者も、回数を増やすことによって結局収支はマイナスになってしまうことを保証する法則なのです。

　さて、統計学を学習すると様々な確率分布が現れますが、その中でとくに重要と思われるものは、本章6節および7章で説明する山型をした**正規分布**です（次ページ図参照）。なお、π は円周率、e は自然対数の底で、μ と σ については後で説明します。

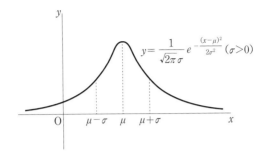

　その意味を裏付けているものに、**中心極限定理**というものがあります（北川敏男・稲葉三男著『統計学通論』（第2版）共立出版を参照）。ここではその定理を厳密に述べることはしませんが、そのイメージを日本人の年齢構成を使って述べてみましょう。

　日本人の年齢構成の分布は、第1次そして第2次ベビーブームあるいは最近の少子化などの影響によって凹凸です。しかし、無作為に日本人10人を選んで、その年齢の平均値をとる作業を何回もくり返すことを考えてみましょう。その結果から得られる分布は、日本人の平均年齢付近を頂とする山型のものになることが予想できます。10人をもっと大きくすることによって、結果から得られる分布は正規分布に限りなく近づくものになります。

　たとえば、日本の国民全体から無作為に100人を選んで平均年齢を求めたところ、その値が国民全体の平均年齢と大きく異なる場合は、「本当に無作為に選んだ100人なのか」という疑問をもつでしょう。このようなとき、100人の平均全体の分布が正規分布になるとして、

検討を加えるとよいのです。

　大数の法則と中心極限定理は、「それらがあるから確率・統計の概念が大きく育った」といえるものです。

4　仕入れ方で学ぶ期待値

　およそ期待値に関しては、日常生活あるいは学校教育の場でよく学んだことでしょう。しかしながら、その題材は宝くじに集中しており、期待値は宝くじのためにあるように思われても仕方がありません。ここでは、店の商品の仕入れに**期待値**の考えを適用する方法を学びたいと思います。

　最初に、合計本数が 100 本の宝くじの例で**期待値**を復習しましょう。

等　級	賞　金	本　数
1　等	10,000円	1
2　等	3,000円	5
3　等	1,000円	10
はずれ	0円	84

　宝くじの期待値

$$= 10000 \times \frac{1}{100} + 3000 \times \frac{5}{100}$$

$$+ 1000 \times \frac{10}{100} + 0 \times \frac{84}{100}$$

$$= 100 + 150 + 100$$

$$= 350 \text{（円）}$$

　次に、スーパーマーケットでの加工食品の仕入れを例

にして、期待値を適用して考えましょう。仮定として、仕入れ個数は 20 個単位で、売れたとき利益は 1 個につき 400 円、売れなかったときの損失は 1 個につき 900 円とし、お客の購入希望合計数予測は次の通りとします。

購入希望合計数	151〜170個	171〜190個	191〜210個	211〜230個	231〜250個
その確率	5 %	30 %	40 %	20 %	5 %

最初に、上の表を便宜上、次のように書き換えます。

購入希望合計数	160個	180個	200個	220個	240個
その確率	5 %	30 %	40 %	20 %	5 %

そしてこの表をもとにして、160 個、180 個、200 個、220 個仕入れる場合についての利益の期待値をそれぞれ求めます。なお、240 個を仕入れることは明らかに不利なのでその場合については検討しなくてよいでしょう。

（ア）160 個仕入れる場合

$$400 \times 160 = 64000 （円）$$

（イ）180 個仕入れる場合

（ちょうど 160 個売れる場合の利益）$\times \dfrac{5}{100}$

$+$（ちょうど 180 個売れる場合の利益）$\times \dfrac{95}{100}$

$$= \{-900 \times 20 + 400 \times 160\} \times \frac{5}{100}$$

$$+ 400 \times 180 \times \frac{95}{100}$$

$$= 70700 （円）$$

（ウ）200 個仕入れる場合

$$（ちょうど 160 個売れる場合の利益）\times \frac{5}{100}$$

$$+（ちょうど 180 個売れる場合の利益）\times \frac{30}{100}$$

$$+（ちょうど 200 個売れる場合の利益）\times \frac{65}{100}$$

$$= \{-900 \times 40 + 400 \times 160\} \times \frac{5}{100}$$

$$+ \{-900 \times 20 + 400 \times 180\} \times \frac{30}{100}$$

$$+ 400 \times 200 \times \frac{65}{100}$$

$$= 69600（円）$$

（エ）220 個仕入れる場合

$$（ちょうど 160 個売れる場合の利益）\times \frac{5}{100}$$

$$+（ちょうど 180 個売れる場合の利益）\times \frac{30}{100}$$

$$+（ちょうど 200 個売れる場合の利益）\times \frac{40}{100}$$

$$+（ちょうど 220 個売れる場合の利益）\times \frac{25}{100}$$

$$= \{-900 \times 60 + 400 \times 160\} \times \frac{5}{100}$$

$$+ \{-900 \times 40 + 400 \times 180\} \times \frac{30}{100}$$

$$+ \{-900 \times 20 + 400 \times 200\} \times \frac{40}{100}$$

$$+ 400 \times 220 \times \frac{25}{100}$$

$$= 58100（円）$$

以上から、180 個仕入れるとよいことが分かります。

第5章 戦略を立てる──確率の応用　153

5　野球で学ぶ独立試行の定理

　3年間に必ず1回だけ忘年会の幹事が回ってくる人が、「私が幹事になる確率は$\frac{1}{3}$である」といえるのでしょうか。もし3年ごとの1年目と2年目が幹事でないならば、3年目に幹事になる確率は100％です。それゆえ、そのようには発言できません。

　上の事柄を理解すると、次のような疑問をもつかも知れません。「8人の子どもをもうけたい夫婦がいるとき、男の子と女の子がちょうど半々になる確率はどのくらいだろうか」「打率3割の打者が、10打数でちょうど3本ヒットを打つ確率はどのくらいだろうか」等々。そのような疑問に答えるとき、次の定理が役に立ちます。

独立試行の定理　1回の試行において、ある事象 A が起こる確率を p とし、A の余事象 $\overline{A}$ が起こる確率を $q = 1 - p$ とする。この試行を独立に n 回くり返すとき、事象 A がちょうど r 回起こる確率は、

$$_nC_r p^r q^{n-r}$$

で与えられる。

　ここで、**順列記号** $_nP_r$ および**組合せ記号** $_nC_r$ を復習しておきましょう。n 個の相異なるものから r 個を選んで順に並べる場合の数を $_nP_r$ で表し、n 個の相異なるものから r 個を選ぶ場合の数を $_nC_r$ で表します。このとき、

$$_n\mathrm{P}_r = \frac{n!}{(n-r)!} \quad , \quad _n\mathrm{C}_r = \frac{n!}{(n-r)!\,r!} = {}_n\mathrm{C}_{n-r}$$

が成り立ちます。ただし自然数 k および 0 に対し、

$$k! = k \times (k-1) \times \cdots \times 2 \times 1, \quad 0! = 1$$

とおきます（！は階乗記号）。

ここで、前に述べた2つの疑問に対する解を、独立試行の定理を使って求めてみましょう。

8人の子どもをもうけるとき男女が半々になる確率

$$= {}_8\mathrm{C}_4 \left(\frac{1}{2}\right)^4 \left(\frac{1}{2}\right)^4 \quad \left(p = q = \frac{1}{2}\right)$$

$$= \frac{8!}{4!4!} \times \frac{1}{2^8}$$

$$= 7 \times 2 \times 5 \times \frac{1}{2^8}$$

$$= \frac{70}{256} \fallingdotseq 0.273$$

打率3割の打者が10打数3安打になる確率

$$= {}_{10}\mathrm{C}_3 \left(\frac{3}{10}\right)^3 \left(\frac{7}{10}\right)^7 \quad \left(p = \frac{3}{10}, \quad q = \frac{7}{10}\right)$$

$$= \frac{10!}{7!3!} \times \frac{3^3 \times 7^3}{10^{10}}$$

$$= 5 \times 3 \times 8 \times \frac{3^3 \times 7^7}{10^{10}}$$

$$= \frac{3^4 \times 7^7}{5^2 \times 10^7}$$

$$= \frac{66706983}{250000000} \fallingdotseq 0.267$$

　次に、大リーグのワールドシリーズは、ナショナルリーグとアメリカンリーグの優勝チームで戦いますが、どちらもその前に地区シリーズとリーグ優勝決定シリーズがあります。

　地区シリーズは、東地区代表、中地区代表、西地区代表そしてワイルドカードゲームで勝ったチーム（地区代表以外の勝率上位2チームで1試合のプレーオフを行う）の4チームを、リーグ優勝決定シリーズに進出する2チームに絞る勝ち抜き戦です。

　AチームとBチームが地区シリーズで対戦する場合は先に3勝した方を勝者とし、リーグ優勝決定シリーズあるいはワールドシリーズで対戦する場合は先に4勝した方を勝者とします。

　さて、地区シリーズの出場権を得た普通のチームの監督ならば、地区シリーズよりリーグ優勝決定シリーズやワールドシリーズの方を怖く思うことでしょう。しかしこれが最強チーム監督となると話は別で、本当に怖いのは間違いなく地区シリーズです。以下、その理由を述べます。

　最強チームAがBチームと試合を行うとき、どの試合についてもAがBに勝つ確率をxとして話を進めます。ここでAは最強チームゆえ、明らかに$\frac{1}{2} < x < 1$の場合について考えればよいでしょう。

いま、$Q(x)$、$R(x)$ を A が B より先にそれぞれ3勝、4勝する確率とすると、独立試行の定理を使って次のように $Q(x)$、$R(x)$ が求められます。

$Q(x) = A$が3連勝する確率
   $+ A$が4試合目に勝って3勝1敗になる確率
   $+ A$が5試合目に勝って3勝2敗になる確率
$= x^3 + {}_3C_2x^3(1 - x) + {}_4C_2x^3(1 - x)^2$
$= x^3(6x^2 - 15x + 10)$

$R(x) = A$が4連勝する確率
   $+ A$が5試合目に勝って4勝1敗になる確率
   $+ A$が6試合目に勝って4勝2敗になる確率
   $+ A$が7試合目に勝って4勝3敗になる確率
$= x^4 + {}_4C_3x^4(1 - x) + {}_5C_3x^4(1 - x)^2 + {}_6C_3x^4(1 - x)^3$
$= x^4(-20x^3 + 70x^2 - 84x + 35)$

ここで、

$$f(x) = R(x) - Q(x)$$

とおくと、高校レベルの微分を用いることによって、$y = f(x)$ のグラフは次ページのようになります。とくに $\frac{1}{2} < x < 1$ の範囲では常に $R(x) > Q(x)$ であり、A チームの監督は「リーグ優勝決定シリーズやワールドシリーズより地区シリーズが怖い」と考えるでしょう。

第5章 戦略を立てる——確率の応用　157

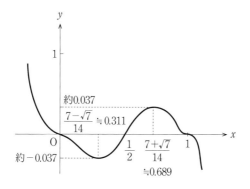

6　左右の癖で学ぶ二項分布と有意水準

　ビジネスばかりでなく広く一般の人間関係において、相手の癖を見抜き、それを分からないように応用すると思わぬ効果をもたらすことがあります。並んで食事するときや写真を撮るとき、どちら側に位置することが多いのか、話題や食事のメニューではメインとなるものは先と後どちらが多いのか、等々。

　そのような癖を見抜くとき、一番難しいのが判断の基準です。たとえば左右を選択させる10回の試行で考えるとき、左が6回で右が4回の場合、左が7回で右が3回の場合、左が8回で右が2回の場合、どれをもってして左が多いと判断してよいでしょうか。そのような問題を考えるために、**二項分布**を使って合理的に分析する**二項検定**を、以下説明しましょう。

　最初に正常なコインを6回投げることを考えます。表が出る回数をXとすれば、独立試行の定理を使うと次

の表とグラフを得ます。ここで、

$$_6C_0\left(\frac{1}{2}\right)^0\left(\frac{1}{2}\right)^6 = {}_6C_6\left(\frac{1}{2}\right)^6\left(\frac{1}{2}\right)^0 = \frac{1}{64},$$

$$_6C_1\left(\frac{1}{2}\right)^1\left(\frac{1}{2}\right)^5 = {}_6C_5\left(\frac{1}{2}\right)^5\left(\frac{1}{2}\right)^1 = \frac{6}{64},$$

$$_6C_2\left(\frac{1}{2}\right)^2\left(\frac{1}{2}\right)^4 = {}_6C_4\left(\frac{1}{2}\right)^4\left(\frac{1}{2}\right)^2 = \frac{15}{64},$$

$$_6C_3\left(\frac{1}{2}\right)^3\left(\frac{1}{2}\right)^3 = \frac{20}{64}$$

X	0	1	2	3	4	5	6
その確率	$\frac{1}{64}$	$\frac{6}{64}$	$\frac{15}{64}$	$\frac{20}{64}$	$\frac{15}{64}$	$\frac{6}{64}$	$\frac{1}{64}$

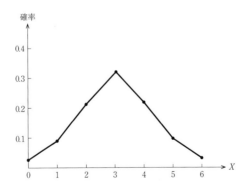

もし、両極端な場合から合わせて5％以内という基準を設けると、Xが0、6の場合になります。実際、

$$\frac{1}{64} + \frac{6}{64} + \frac{6}{64} + \frac{1}{64} = \frac{14}{64} = 0.21875 > 0.05$$

$$\frac{1}{64} + \frac{1}{64} = \frac{2}{64} = 0.03125 < 0.05$$

　それゆえ、そのような5％という基準では、X が0また
は6の場合に「そのコインは正常ではない」と判断す
るのです。ここで、5％と設けた基準のことを**有意水準**
といいます。

　よって有意水準5％では、左または右を選択させる6
回の試行で、6回とも左か右を選択するときのみ「選択
の仕方に癖をもつ」と判断するのです。参考までにコイ
ンを34回投げる場合で考えると、

$$_{34}C_0 = {}_{34}C_{34} \, , \, _{34}C_1 = {}_{34}C_{33} \, , \, \cdots \, , \, _{34}C_{16} = {}_{34}C_{18} \, ,$$

$$2 \times \left\{ _{34}C_0 \left(\frac{1}{2} \right)^0 \left(\frac{1}{2} \right)^{34} + {}_{34}C_1 \left(\frac{1}{2} \right)^1 \left(\frac{1}{2} \right)^{33} + \cdots \right.$$

$$\left. + {}_{34}C_{10} \left(\frac{1}{2} \right)^{10} \left(\frac{1}{2} \right)^{24} \right\} < 0.05$$

$$2 \times \left\{ _{34}C_0 \left(\frac{1}{2} \right)^0 \left(\frac{1}{2} \right)^{34} + {}_{34}C_1 \left(\frac{1}{2} \right)^1 \left(\frac{1}{2} \right)^{33} + \cdots \right.$$

$$\left. + {}_{34}C_{11} \left(\frac{1}{2} \right)^{11} \left(\frac{1}{2} \right)^{23} \right\} > 0.05$$

が成り立ちます。そこで有意水準5％では、左または右
を選択させる34回の試行で、左または右を24回以上選
択する場合のみ、「選択の仕方に癖をもつ」と判断する

のです。

　ちなみに判断基準の有意水準として5％以外では、少し厳しい1％、少し甘い10％などがよく用いられますが、最初に有意水準を決めてからデータを分析しなくてはならないことに留意してください。

　さて、上で示した表を**二項分布** $B\left(6, \dfrac{1}{2}\right)$ といいますが、次に一般の二項分布を定義しましょう。

　毎回の試行において、ある事象 A が起こる確率は常に p であるとします。この試行を n 回くり返すとき、事象 A が起こる回数を X とすれば、一般の**二項分布** $B(n, p)$ と呼ばれる次の表を得ます。ただし、$q = 1 - p$。

X	0	1	2	3	……	n
その確率	${}_nC_0 q^n$	${}_nC_1 p q^{n-1}$	${}_nC_2 p^2 q^{n-2}$	${}_nC_3 p^3 q^{n-3}$	……	${}_nC_n p^n$

　具体的に $n = 6$、$p = \dfrac{1}{3}$ とおいてそのグラフを描くと次のようになります。

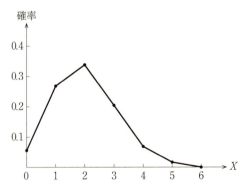

　上のグラフでは左右対称には見えないものの、二項分

布 $B(n, p)$ $(0<p<1)$ において n を十分に大きくすると、そのグラフは左右対称な**正規分布** $N(np, npq)$ と呼ばれる次のグラフに近づくことが知られています（北川敏男・稲葉三男著『統計学通論』（第2版）共立出版を参照）。

なお、

$$\mu = np, \quad \sigma = \sqrt{npq} \quad 。$$

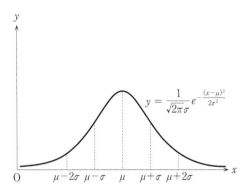

上のグラフは $x = \mu$ に関して左右対称で、それと x 軸の間の面積は1です。また、それを、

$$\mu - 1.96\sigma \leq x \leq \mu + 1.96\sigma$$

に制限した部分Ⅰの面積は約0.95で、

$$\mu - 2.58\sigma \leq x \leq \mu + 2.58\sigma$$

に制限した部分Ⅱの面積は約0.99になります。それゆえ二項検定で、有意水準5％あるいは1％でチェックしたい n 個のデータに判断を下すとき、それぞれ上記の範囲外になるか否かを確かめることになります（7章4節を

参照)。

なお、部分Ⅰ、Ⅱのことをそれぞれ信頼度95％、99％での推定区間ともいいます。

かつて私は、ゼミナール学生と一緒にいろいろな二項検定を行いました。「人間は階段を上るとき右足から上る傾向がある」「男女二人が並んで写真を撮るとき、男性の左側に女性が立つ傾向がある」などの興味ある結果をいくつか得たことを懐かしく思い出します。

7 まれに起こる事象を扱うポアソン分布（☆）

1回の試行において事象Aの起こる確率pがかなり小さくても、試行回数を相当多くすると事象Aは何回かは起こるものです。飛行機の事故、競馬で大穴馬の勝利、やさしい単純計算のミス、絶世の美女・美男子との遭遇、等々。

さて、$p = 0.0001$として、試行回数nを2万とするとき、事象Aが3回以上起こる確率Pは独立試行の定理を用いると次のように表せます。

$$P = \sum_{r=3}^{20000} {}_{20000}C_r (0.0001)^r (0.9999)^{20000-r}$$
$$= 1 - \sum_{r=0}^{2} {}_{20000}C_r (0.0001)^r (0.9999)^{20000-r}$$

ところが上式の計算は、誰が見ても不可能といえるほど大変です。そこで登場するのがポアソン分布というもので、そのような値に対して精度の高い近似値を与えます。

ポアソン分布 $0 < p < 1$, $q = 1 - p$ のとき $_nC_r p^r q^{n-r}$ において、$np = \lambda$ を一定に保って n を限りなく大きくすると（r は固定）、$_nC_r p^r q^{n-r}$ は $\dfrac{e^{-\lambda} \lambda^r}{r!}$ に近づく（e は自然対数の底）。すなわち、

$$\lim_{n \to \infty} {}_nC_r p^r q^{n-r} = \frac{e^{-\lambda} \lambda^r}{r!} \ \ (np = \lambda) \quad \cdots (*)$$

　ここで、上式右辺を $P_\lambda(r)$ とおくと、$r = 0, 1, 2, \ldots$ で定義される分布が考えられ、それを**ポアソン分布** P_λ という。

　多くの数表には、小さい値の r に対して $\sum_{k=r}^{\infty} P_\lambda(k)$ の値がポアソン分布表として掲載されており、それを用いた以下の例のような応用が考えられます（数表の掲載および（*）の証明は、拙著『高校数学から理解して使える経営ビジネス数学』を参照）。

例1　1年の間に交通事故で死亡する確率を 0.0001 とします。人口2万人の町で、1年間に3人以上交通事故で死亡する確率は $\sum_{k=3}^{\infty} P_\lambda(k)$ で近似されます。ここで、

$$\lambda = 20000 \times 0.0001 = 2$$

したがってポアソン分布表より、求める確率は、

$$\sum_{k=3}^{\infty} P_{2.0}(k) \fallingdotseq 0.32$$

となります。

例2 ある商品に関するダイレクトメールで返事がくる確率を 0.0054 とします。いま 1,000 人にダイレクトメールを送る場合、10 人以上から返事が返ってくる確率は $\sum_{k=10}^{\infty} P_\lambda(k)$ で近似されます。ここで、

$$\lambda = 1000 \times 0.0054 = 5.4$$

したがってポアソン分布表より求める確率は、

$$\sum_{k=10}^{\infty} P_{5.4}(k) \fallingdotseq 0.0049$$

となります。

8 行列ゲームとミニマックス定理（☆）

　およそ利害の対立する国、企業、あるいは個人が対峙するとき、お互い自らの戦術は秘密にするので状況は不確定になります。ゲーム理論は、そのような状況を合理的に分析するのに役立つもので、ビジネス戦略へもより積極的に応用されるものです。

　ここでは一般の**行列ゲーム**について説明することを目的にしますが、最初に具体的な 2 行 2 列の**行列ゲーム**を扱い、それを後半で一般化して述べることにしましょう。

　いま、A、B 2 人（2 社）で次のようなゲームをくり返し行います。A の戦術は I （新商品）と II （価格下げ）、B の戦術は i （通信販売）と ii （対面販売）とし、表 1 は A から見た利得表です。B から見た利得表

第5章 戦略を立てる——確率の応用 165

は、各得点に−1を掛けたものとしますが、A から見た
得点ですべて考えることにします。

表1

A \ B	i	ii
I	6	−2
II	−4	1

　すなわち、A から見た得点は次のようになります。A
が I、B が i ならば、A はプラス6で、B はマイナス
6。A が I、B が ii ならば、A はマイナス2で、B はプ
ラス2。A が II、B が i ならば、A はマイナス4で、B
はプラス4。A が II、B が ii ならば、A はプラス1でB
はマイナス1。

　この場合、たとえば I と i で対戦すると B は ii に戦
術を変更し、それを見た A は II に変更し、それを見た
B は i に戦術を変更し、それを見た A は I に変更する
でしょう。それゆえ、このゲームは**確定的**ではないので
す。そこで、A は戦術 I を確率 p で選び（戦術 II を確率
$1-p$ で選び）、また B は戦術 i を確率 q で選ぶ（戦術
ii を確率 $1-q$ で選ぶ）として考えてみましょう。

　当然、

$$0 \leqq p \leqq 1, 0 \leqq q \leqq 1$$

なので、下図の正方形において A、B の有利、不利の状
況を考えればよいことになります。

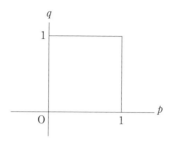

ここで、A の得点期待値を求めると、

$$6pq + (1-p)(1-q) - 2p(1-q) - 4(1-p)q$$

となります。

そして、上式 = 0、すなわち A と B が互角になる状況を調べてみましょう。

$$6pq + (1-p)(1-q) - 2p(1-q) - 4(1-p)q = 0$$

の両辺を 13 で割って変形すると、

$$\left(p - \frac{5}{13}\right)\left(q - \frac{3}{13}\right) = \frac{2}{169}$$

を導くことができ、それは次の双曲線です。

互角になる状況が双曲線上ということは、双曲線に挟まれた部分が A か B のどちらかが有利で、その外側は他方が有利ということになります。

第5章 戦略を立てる——確率の応用

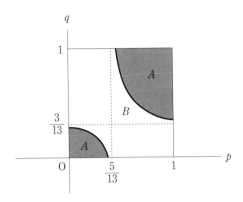

ここで、

$(p, q) = (0, 1), (1, 0)$

の2点では明らかにBが有利なので、双曲線に挟まれた部分ではBが有利になり、双曲線の外側ではAが有利になります。したがって、Bの意思で設定できる$q = \dfrac{3}{13}$の状況においては、pの値はいくつであっても常にBが有利です。よって、このゲームはBが有利といえます。

余談ですが、確率$\dfrac{3}{13}$で戦術iを出し続けるにはどのようにすればよいのでしょうか。たとえば、Bは事前に一組のトランプから1枚を引きます。それが絵札（J, Q, K）ならば（ⅰ）を選択し、そうでないならば（ⅱ）を選択すればよいのです。

なお、$(p, q) = \left(\dfrac{5}{13}, \dfrac{3}{13}\right)$となる点は、ゲーム理論上とくに意義のある**鞍点**と呼ばれる重要な点です。

それは、

$$\begin{cases} z \leq [B\text{がiの場合の}A\text{の得点期待値}] \\ \quad = 6p - 4(1-p) = 10p - 4 \\ z \leq [B\text{がiiの場合の}A\text{の得点期待値}] \\ \quad = -2p + (1-p) = -3p + 1 \\ 0 \leq p \leq 1 \end{cases}$$

を満たすときの z の最大値を与える p は $\frac{5}{13}$ で（図1参照）、

$$\begin{cases} w \geq [A\text{がIの場合の}B\text{の得点期待値}] \\ \quad = 6q - 2(1-q) = 8q - 2 \\ w \geq [A\text{がIIの場合の}B\text{の得点期待値}] \\ \quad = -4q + (1-q) = -5q + 1 \\ 0 \leq q \leq 1 \end{cases}$$

を満たすときの w の最小値を与える q は $\frac{3}{13}$ で（図2参照）、とくに z の最大値と w の最小値は相等しくなるからです（ここではその値は $-\frac{2}{13}$）。すなわち、確率の概念を導入することによってゲームは「**確定的**」になったのです。

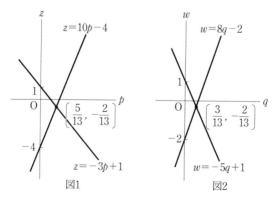

図1　　　　　　　　　図2

第5章　戦略を立てる——確率の応用　169

　以下、上で述べたことを一般の**行列ゲーム**に拡張して説明しましょう。

　いま、A、B 2人で次のようなゲームを行います。A の戦術は $X_1, X_2, \cdots, X_m$、B の戦術は $Y_1, Y_2, \cdots, Y_n$ とし、次の表は A から見た利得表です（B から見た利得表は各得点に -1 を掛けたもの）。そして、A から見た得点ですべて考えます。

表2

A ＼ B	Y_1	Y_2	……	Y_n
X_1	a_{11}	a_{12}		a_{1n}
X_2	a_{21}	a_{22}		a_{2n}
⋮	⋮	⋮	⋮	⋮
X_m	a_{m1}	a_{m2}		a_{mn}

　ゲームを行うにあたって、「確実に取得できる点数を最大にする戦術を選ぶ」という**行動基準**を設けることにしましょう。これは、「失う可能性のある最大の点数を最小にする戦術を選ぶ」と表現することもできますが、そのような基準のもとでは表3のように確定的なゲームもあれば、表4のように確定的でないゲームもあります。

　実際、表3において⓪の位置（鞍点）に注目すると、A と B はその状況からどちらも戦術を変更できません。しかし、表4においてはそのような位置（鞍点）はないのです。

| | 表3 | | | |
$\dfrac{B}{A}$	Y_1	Y_2	Y_3	Y_4
X_1	-4	-2	1	4
X_2	0	-1	-4	2
X_3	2	⓪	4	1
X_4	1	-3	2	0

| | 表4 | | | |
$\dfrac{B}{A}$	Y_1	Y_2	Y_3	Y_4
X_1	-2	1	2	0
X_2	1	-1	3	2
X_3	4	0	-4	-2
X_4	-3	2	-2	3

　ところが、A が X_i を選ぶ確率を $p_i(i = 1, \cdots, m)$、B が Y_j を選ぶ確率を $q_j\,(j = 1, \cdots, n)$ として確率の概念を導入すると、次の定理のようにゲームは確定的になることが知られています。

ミニマックス定理　表2のもとで、次の条件（Ⅰ）を満たすzの最大値z_0と、条件（Ⅱ）を満たすwの最小値w_0が存在し、それらは相等しくなる。

$$
（Ⅰ）
\begin{cases}
z \leqq a_{11}p_1 + a_{21}p_2 + \cdots + a_{m1}p_m \\
z \leqq a_{12}p_1 + a_{22}p_2 + \cdots + a_{m2}p_m \\
\quad\vdots \\
z \leqq a_{1n}p_1 + a_{2n}p_2 + \cdots + a_{mn}p_m \\
p_1 + p_2 + \cdots + p_m = 1 \\
p_i \geqq 0 \ (i = 1, 2, \cdots, m)
\end{cases}
$$

第5章　戦略を立てる——確率の応用　　171

$$(\text{II})\begin{cases} w \geqq a_{11}q_1 + a_{12}q_2 + \cdots + a_{1n}q_n \\ w \geqq a_{21}q_1 + a_{22}q_2 + \cdots + a_{2n}q_n \\ \qquad\qquad\vdots \\ w \geqq a_{m1}q_1 + a_{m2}q_2 + \cdots + a_{mn}q_n \\ q_1 + q_2 + \cdots + q_n = 1 \\ q_j \geqq 0 \ (j = 1, 2, \cdots, n) \end{cases}$$

　なお上の定理において、z_0 を与える $p_1, p_2, \cdots, p_m$ と、w_0 を与える $q_1, q_2, \cdots, q_n$ の組を、そのゲームの**鞍点**といいます。また、定理にある z_0 や w_0 を求める計算は、一般に3章3節で紹介した線形計画法によって求めることができます。

9　市場のシェアの推移を扱う確率行列（☆☆）

　新しい商品は、食品、家庭電化製品などを見ても分かるように、初期の頃は各社による商品開発や拡販競争が激しく、市場でのシェアは大きく変動することが珍しくありません。しかし、月日が経つことによって市場も成熟し、各社のシェアは落ち着いてくることが多いのです。ここでは、その成熟過程のシェアの推移をとらえるのに便利な**確率行列**を紹介します。

　最初に、**行列**の基礎的事項を簡単に解説しましょう。

$$\begin{pmatrix} 1 & 2 & 5 \\ 4 & 0 & 6 \end{pmatrix}, \quad \begin{pmatrix} 0 & -1 & 1 \\ 2 & 9 & 8 \\ 3 & 5 & 4 \end{pmatrix}$$

のように数を形式的に縦と横に並べたものを**行列**といいます。左のものは横に2行、縦に3列並んでいるので2行3列の行列といい、右のものは横に3行、たてに3列並んでいるので3行3列の行列といいます。そして左の行列における4、5はそれぞれ2行1列**成分**、1行3列**成分**、右の行列における5、8はそれぞれ3行2列**成分**、2行3列**成分**といい、他の成分も同様に定めます。

　行列に関する演算には、行列に対する**スカラー倍**、行列同士の**和**、行列同士の**積**があります。

　k を**スカラー**（係数）とするとき、行列 A の**スカラー倍** kA とは、A のすべての成分をそれぞれ k 倍した行列のことです。

　たとえば、

$$3\begin{pmatrix} -1 & 0 & 1 \\ 2 & 3 & -2 \end{pmatrix} = \begin{pmatrix} 3 \times (-1) & 3 \times 0 & 3 \times 1 \\ 3 \times 2 & 3 \times 3 & 3 \times (-2) \end{pmatrix}$$

$$= \begin{pmatrix} -3 & 0 & 3 \\ 6 & 9 & -6 \end{pmatrix}$$

　行列同士の**和**は、行と列の数がそれぞれ相等しい2つの同じ型の行列に対して定められ、対応する成分同士を加えた行列です。なお、同じ型の行列 A、B に対し、$A - B$ は $A + (-1)B$ のことです。

　たとえば、

$$\begin{pmatrix} 4 & 8 & 2 \\ 6 & 7 & 9 \end{pmatrix} - \begin{pmatrix} 3 & 7 & 3 \\ 1 & 1 & 4 \end{pmatrix} = \begin{pmatrix} 1 & 1 & -1 \\ 5 & 6 & 5 \end{pmatrix}$$

　行列同士の**積**は、一般に次のように定められていま

す。A を l 行 m 列行列、B を m 行 n 列行列とするとき、積 AB は l 行 n 列行列で、その i 行 j 列成分は

$$a_{i1}b_{1j} + a_{i2}b_{2j} + a_{i3}b_{3j} + \cdots + a_{im}b_{mj}$$

です。ここで、a_{it} は A の i 行 t 列成分で、b_{tj} は B の t 行 j 列成分です。

たとえば、

$$\begin{pmatrix} 1 & 2 & 3 \\ 4 & 5 & 6 \\ 7 & 8 & 9 \end{pmatrix}\begin{pmatrix} 1 & 2 \\ 3 & 4 \\ 5 & 6 \end{pmatrix}$$

$$= \begin{pmatrix} 1{\times}1{+}2{\times}3{+}3{\times}5 & 1{\times}2{+}2{\times}4{+}3{\times}6 \\ 4{\times}1{+}5{\times}3{+}6{\times}5 & 4{\times}2{+}5{\times}4{+}6{\times}6 \\ 7{\times}1{+}8{\times}3{+}9{\times}5 & 7{\times}2{+}8{\times}4{+}9{\times}6 \end{pmatrix}$$

$$= \begin{pmatrix} 22 & 28 \\ 49 & 64 \\ 76 & 100 \end{pmatrix}$$

行列の演算に関しては、演算が定められるとき、和、積ともに**結合法則**

$$(A + B) + C = A + (B + C)$$

$$(AB)C = A(BC)$$

が成り立ちます。しかしながら**交換法則**については、和に関する

$$A + B = B + A$$

は成り立つものの、積に関する

$$AB = BA$$

は一般に成り立ちません。

たとえば、

$$\begin{pmatrix} -1 & 2 \\ 0 & -3 \end{pmatrix}\begin{pmatrix} 2 & 1 \\ 3 & 0 \end{pmatrix} = \begin{pmatrix} 4 & -1 \\ -9 & 0 \end{pmatrix}$$

$$\begin{pmatrix} 2 & 1 \\ 3 & 0 \end{pmatrix}\begin{pmatrix} -1 & 2 \\ 0 & -3 \end{pmatrix} = \begin{pmatrix} -2 & 1 \\ -3 & 6 \end{pmatrix}$$

A を正方行列、すなわち行と列の数が同じ行列について、

$$A^2 = AA, \quad A^3 = A^2A, \quad A^4 = A^3A, \cdots$$

のように A の**累乗**を定めます。

　上で述べたような行列の基礎的事項を踏まえた上で、**確率行列**を具体的に紹介しましょう。

　ある商品に関する市場が成熟してきた段階で、その商品に関しては2つのメーカーⅠとⅡが市場をほぼ占有しており、毎年次のように推移しているとします。Ⅰの製品を使用している消費者が翌年もⅠの製品を使用する確率は0.8で、翌年Ⅱの製品に変更する確率は0.2とします。また、Ⅱの製品を使用している消費者が翌年もⅡの製品を使用する確率は0.7で、翌年Ⅰの製品に変更する確率は0.3とします。

　このような推移は毎年ほぼ一定とし、その状態を表す次の2行2列の行列を考えます。

第5章 戦略を立てる——確率の応用　175

$$\begin{array}{cc} \text{I へ} & \text{II へ} \\ \vdots & \vdots \end{array}$$

$$\begin{array}{c} \text{I から}\cdots \\ \text{II から}\cdots \end{array} \begin{pmatrix} 0.8 & 0.2 \\ 0.3 & 0.7 \end{pmatrix}$$

　上の行列は**確率行列**と呼ばれるもので、それを P とすると、P^2 は、

$$\begin{pmatrix} 0.8{\times}0.8{+}0.2{\times}0.3 & 0.8{\times}0.2{+}0.2{\times}0.7 \\ 0.3{\times}0.8{+}0.7{\times}0.3 & 0.3{\times}0.2{+}0.7{\times}0.7 \end{pmatrix}$$

になります。

　したがって上の行列に関して、

　1行1列成分

$$= \begin{pmatrix} \text{I の製品を使用している消費者が翌} \\ \text{年も翌々年も I の製品を使用する確率} \end{pmatrix}$$

$$+ \begin{pmatrix} \text{I の製品を使用している消費者が翌年は} \\ \text{II、そして翌々年は I の製品を使用する確率} \end{pmatrix}$$

$$= \begin{pmatrix} \text{I の製品を使用している消費者が} \\ \text{翌々年も I の製品を使用する確率} \end{pmatrix}$$

が成り立ちます。同様にして、

　1行2列成分

$$= \begin{pmatrix} \text{I の製品を使用している消費者が翌々年は} \\ \text{II の製品を使用する確率} \end{pmatrix}$$

　2行1列成分

$$= \begin{pmatrix} \text{II の製品を使用している消費者が翌々年は} \\ \text{I の製品を使用する確率} \end{pmatrix}$$

2行2列成分

$$= \begin{pmatrix} \text{IIの製品を使用している消費者が翌々年も} \\ \text{IIの製品を使用する確率} \end{pmatrix}$$

も成り立ちます。

さらに一般の自然数 n に対し、P^2 に関して述べたことは P^n に関しても同じように成り立ちます。すなわち、P^n に関して上の4式の右辺の「翌々年」を「n 年後」に置き換えた式が成り立つのです。また、行列の固有値というものの議論を用いると、n を限りなく大きくすると P^n は限りなく、

$$\begin{pmatrix} 0.6 & 0.4 \\ 0.6 & 0.4 \end{pmatrix}$$

に近づくことが分かります。

最後に、上で述べた2行2列の確率行列についての内容を一般化して述べておきましょう。

ある商品に関する市場が成熟してきた段階で、その商品に関しては n 個のメーカー①、②、…、⑩が市場を占有しており、毎年次のように推移しているとします。①の製品を使用している消費者が翌年⑩の製品を使用する確率は p_{ij} $(i = 1, 2, \cdots, n,\ j = 1, 2, \cdots, n)$。

このとき、p_{ij} を i 行 j 列成分とする n 行 n 列行列を P とすれば、P のすべての成分は0以上1以下で、P の各行の成分の和は1となります。

すなわち、

$$0 \leqq p_{ij} \leqq 1 \ (i = 1, 2, \cdots, n, j = 1, 2, \cdots, n)$$
$$p_{i1} + p_{i2} + \cdots + p_{in} = 1 \ (i = 1, 2, \cdots, n)$$

　一般に、その2つの性質を満たす行列は**確率行列**と呼ばれ、任意の自然数 m に対し、次式が成り立ちます ($i = 1, 2, \cdots, n, \ j = 1, 2, \cdots, n$)。

　　　P^m の i 行 j 列成分
　　　　= ⓘの製品を使用している消費者が m 年後に
　　　　　ⓙの製品を使用する確率

　とくに P のすべての成分が正のとき、m を限りなく大きくすると、P^m は限りなく、

$$\begin{pmatrix} q_1 & q_2 & \cdots\cdots & q_n \\ q_1 & q_2 & \cdots\cdots & q_n \\ & \vdots & & \vdots \\ q_1 & q_2 & \cdots\cdots & q_n \end{pmatrix}$$

という形の行列に近づくことが知られています（齋藤正彦著『線型代数入門』東京大学出版会を参照）。
　ただし、

$$q_i \geqq 0 \ (i = 1, 2, \cdots, n)$$
$$q_1 + q_2 + \cdots + q_n = 1$$

行列の掛け算さえ知っていれば、数年後の市場のシェアを占うことができるので、確率行列の考え方は便利なものでしょう。

第6章
効率化を進める
——組合せ論の応用

　中学校や高等学校の数学教科書には、順列・組合せという項目があります。そのイメージが災いしてか、数学の組合せ論という分野を誤解してしまう人たちが意外に多くいます。

　実際の組合せ論はいろいろな研究対象を含みますが、2つの大きな柱があります。1つは**グラフ理論**といい、元々は一筆書き問題や電気の回路の研究などから発展してきたものです。もう1つは**デザイン論**といい、元々は人間の配置の問題や農業実験方法の研究などから発展してきたものです。

　最近のグラフ理論の応用では、化学式あるいは電流の流れに関係する内容が盛んです。また最近のデザイン論では、符号・暗号理論と結びつくような内容が盛んです。

　両者とも古くからビジネスにも応用されてきた面があり、本章ではその一部を理解していただくことを目的とします。

1　最短通路問題の発想

　数学の世界のグラフ理論は、棒グラフ、折れ線グラフ、帯グラフ、円グラフなどのグラフとは異なるもの

で、いくつかの**頂点**と頂点同士を結ぶ**辺**によって構成される数学的構造を研究するものです。そして、辺は結ぶか否かだけに注目し、その他の内容については普通問いません。

一例として、一筆書き問題というものがあります。これは「同じ線を2回以上通らないで、すべての線を一筆で書き終えるか」という問題で、次の（ⅰ）は書き終えられるものの、（ⅱ）は不可能です。

各頂点について、奇数本の辺が出ているものを**奇点**といい、偶数本の辺が出ているものを**偶点**といいます。そして、「各頂点同士が何本かの辺によってつながっているグラフにおいては、奇点の個数が0個か2個ならば、またそのときに限り一筆書きが可能である」という**オイラーの定理**は有名です。ちなみに図において、（ⅰ）の奇点は2個で、（ⅱ）の奇点は4個です。

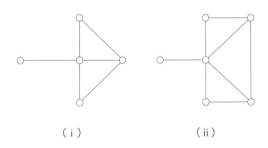

（ⅰ）　　　　　　　　（ⅱ）

一方、すべての辺に向きをもたせたグラフを**有向グラフ**といい、各**有向辺**（向きをもたせた辺）の向きは矢印で表します。次の図は有向グラフの一例です。

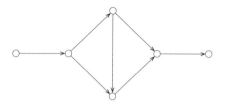

有向グラフにおいては、各辺に0以上の実数である**重み**というものを付けて考えることもあります。とくに、重みが付いた有向グラフは**最短通路問題**や**スケジュール問題**などの経営数学にも応用されています。以下、具体例によって各自が使えるように説明しましょう。

なお拙著『高校数学から理解して使える経営ビジネス数学』（共立出版）では、グラフ理論の立場からきちんとした証明を付けて、それらの解法であるダイクストラ法やPERT法のアルゴリズムを解説していますが、本書の説明だけで普通は十分でしょう。

次の重みが付いたグラフは、各頂点は場所を表し、各有向辺の重みはその向きの所要時間を表しているとします。

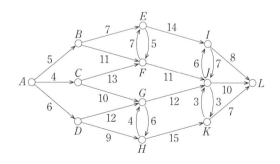

次の表は、**ダイクストラ法**によって頂点Aから各頂

点までの最短所要時間を求めたもので、一番下の行が最終結果です。

	A	B	C	D	E	F	G	H	I	J	K	L
(1) →	⓪	∞	∞	∞	∞	∞	∞	∞	∞	∞	∞	∞
(2) →	⓪	5	④	6	∞	∞	∞	∞	∞	∞	∞	∞
(3) →	⓪	⑤	④	6	∞	17	14	∞	∞	∞	∞	∞
(4) →	⓪	⑤	④	⑥	12	16	14	∞	∞	∞	∞	∞
(5) →	⓪	⑤	④	⑥	⑫	16	14	15	∞	∞	∞	∞
(6) →	⓪	⑤	④	⑥	⑫	16	⑭	15	26	∞	∞	∞
(7) →	⓪	⑤	④	⑥	⑫	16	⑭	⑮	26	26	∞	∞
(8) →	⓪	⑤	④	⑥	⑫	⑯	⑭	⑮	26	26	30	∞
(9) →	⓪	⑤	④	⑥	⑫	⑯	⑭	⑮	㉖	26	30	∞
(10) →	⓪	⑤	④	⑥	⑫	⑯	⑭	⑮	㉖	㉖	30	34
(11) →	⓪	⑤	④	⑥	⑫	⑯	⑭	⑮	㉖	㉖	㉙	34
(12) →	⓪	⑤	④	⑥	⑫	⑯	⑭	⑮	㉖	㉖	㉙	㉞

ここで表において、(1) の行から (12) の行まで、どのように書いたのかを説明しましょう。説明は丁寧過ぎる面もあるので、適当に読み飛ばしていただいて構いません。

 (1) では、出発点となる頂点 A に永久ラベルとして⓪を付け、その他の頂点には一時ラベルとして∞を付けます。

 (2) では、上で永久ラベルを付けた A から有向辺のある頂点 B, C, D までの所要時間を書き込み、その中で最小の 4 を永久ラベル④に格上げします。

 (3) では、上で永久ラベルを付けた C から有向辺のある頂点 F, G までの、出発点 A から C 経由の所要時間 17, 14 をそれぞれ書き込みます。そして、永久ラ

ベルを付けていない 5, 6, 17, 14 のうちで最小の 5 を
永久ラベル⑤に格上げします。

(4) では、上で永久ラベルを付けた B から有向辺のあ
る頂点 E, F までの、出発点 A から B 経由の所要時
間 12, 16 をそれぞれ書き込みます。なお、(4) の行
の F の欄については、(3) の 17 より 16 の方が小さ
いので、16 を書き込みます。もし、A から B 経由の
F までの所要時間が 17 以上ならば、(4) の行の F の
欄は 17 のままで変更ナシです。そして、永久ラベ
ルの付いていない 6, 12, 16, 14 のうちで最小の 6 を
永久ラベル⑥に格上げします。

(5) では、上で永久ラベルを付けた D から有向辺のあ
る頂点 G, H までの、出発点 A から D 経由の所要時
間 18, 15 をそれぞれ書き込むことを考えますが、G
の欄には 18 より小さい 14 が既に書き込まれている
ので、G の欄は 14 のままで、H の欄には 15 を書き
込みます。そして、永久ラベルの付いていない 12,
16, 14, 15 のうちで最小の 12 を永久ラベル⑫に格上
げします。

(6) では、上で永久ラベルを付けた E から有向辺のあ
る頂点 I, F までの、出発点 A から E 経由の所要時間
26, 17 をそれぞれ書き込むことを考えますが、F の
欄には 17 より小さい 16 が既に書き込まれているの
で、F の欄は 16 のままで、I の欄には 26 を書き込み
ます。そして、永久ラベルの付いていない 16, 14,
15, 26 のうちで最小の 14 を永久ラベル⑭に格上げし
ます。

(7) では、上で永久ラベルを付けた G から有向辺のあ

る頂点 J, H までの、出発点 A から G 経由の所要時間
26, 20 をそれぞれ書き込むことを考えますが、H の
欄には 20 より小さい 15 が既に書き込まれているの
で、H の欄は 15 のままで、J の欄には 26 を書き込み
ます。そして、永久ラベルの付いていない 16, 15,
26, 26 のうちで最小の 15 を永久ラベル⑮に格上げし
ます。

(8) では、上で永久ラベルを付けた H から有向辺のあ
る頂点 G, K までの、出発点 A から H 経由の所要時
間 19, 30 をそれぞれ書き込むことを考えますが、G
の欄は既に永久ラベルになっているので、G の欄は
変更ナシで、K の欄には 30 を書き込みます。そし
て、永久ラベルの付いていない 16, 26, 26, 30 のうち
で最小の 16 を永久ラベル⑯に格上げします。

(9) では、上で永久ラベルを付けた F から有向辺のあ
る頂点 E, J までの、出発点 A から F 経由の所要時間
23, 27 をそれぞれ書き込むことを考えますが、E の
欄は既に永久ラベルになっているので、E の欄は変
更ナシで、また J の欄には 27 より小さい 26 が既に
書き込まれているので、J の欄は 26 のままにしま
す。そして、永久ラベルの付いていない 26, 26, 30
のうちで最小の 26 を永久ラベル㉖に格上げしま
す。なお 26 は、I と J の 2 つの欄にあるので、どち
らか 1 つを㉖にします。ここでは I の方を㉖にしま
す。

(10) では、上で永久ラベルを付けた I から有向辺の
ある頂点 J, L までの、出発点 A から I 経由の所要時
間 33, 34 をそれぞれ書き込むことを考えますが、J

の欄には 33 より小さい 26 が既に書き込まれている
ので、J の欄は 26 のままで、L の欄には 34 を書き込
みます。そして、永久ラベルの付いていない 26, 30,
34 のうちで最小の 26 を永久ラベル㉖に格上げしま
す。

(11) では、上で永久ラベルを付けた J から有向辺の
ある頂点 I, L, K までの、出発点 A から J 経由の所要
時間 32, 36, 29 をそれぞれ書き込むことを考えます
が、I の欄は既に永久ラベルが付いているので、I の
欄は変更ナシにします。また、L の欄には 36 より小
さい 34 が既に書き込まれているので、L の欄は 34
のままで、K の欄には 29 を書き込みます。そし
て、永久ラベルの付いていない 29, 34 のうちで最小
の 29 を永久ラベル㉙に格上げします。

(12) では、上で永久ラベルを付けた K から有向辺の
ある頂点 J, L までの、出発点 A から K 経由の所要時
間 32, 36 をそれぞれ書き込むことを考えますが、J
の欄は既に永久ラベルが付いているので、J の欄は
変更ナシで、また L の欄には 36 より小さい 34 が既
に書き込まれているので、L の欄は 34 のままにしま
す。そして、永久ラベルの付いていない唯一の 34
を永久ラベル㉞に格上げして終了します。

本節の最後に、頂点 a からの最短通路問題と、その
解答を書いておきます。

第 6 章 効率化を進める——組合せ論の応用　185

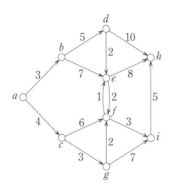

a	b	c	d	e	f	g	h	i
⓪	∞	∞	∞	∞	∞	∞	∞	∞
⓪	③	4	∞	∞	∞	∞	∞	∞
⓪	③	④	8	10	∞	∞	∞	∞
⓪	③	④	8	10	10	⑦	∞	∞
⓪	③	④	⑧	10	9	⑦	∞	14
⓪	③	④	⑧	10	⑨	⑦	18	14
⓪	③	④	⑧	⑩	⑨	⑦	18	12
⓪	③	④	⑧	⑩	⑨	⑦	18	⑫
⓪	③	④	⑧	⑩	⑨	⑦	17	⑫

2　逆向きに考えるPERT法の発想

　作業日程などのスケジュールを検討する方法で、グラフ理論を応用した PERT（パート）法というものがあります。前半は作業終了までの日程を求める方法で、後半は逆向きに考えて作業日程の短縮を検討するものです。2つの例（ア）と（イ）によって、PERT 法を説明

しましょう。

（ア）表は、最初の作業 E_1 から最後の作業 E_9 までのある作業日程表です。各 E_i の**先行作業**とは、作業 E_i を行うために済ませておく必要がある作業のことです（たとえば E_5 の先行作業は E_2 です）。

表の下の図は、作業日程を図示したものです。

作業内容	先行作業	作業日数
E_1		2
E_2	E_1	9
E_3	E_1	6
E_4	E_2	3
E_5	E_2	7
E_6	E_3	5
E_7	E_4	8
E_8	E_6	4
E_9	E_5, E_7, E_8	1

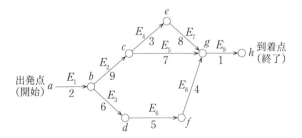

（イ）次の表を（ア）と同じように図示しようとすると、分かりにくくなってしまう面があります。そこで、**ダミー**と呼ばれる作業日数 0 の架空の作業 E_{11} と E_{12} を用いて、表を図示してみましょう。

作業内容	先行作業	作業日数
E_1		3
E_2		6
E_3	E_1	4
E_4	E_2	5
E_5	E_3	8
E_6	E_3, E_4	5
E_7	E_5	8
E_8	E_5	9
E_9	E_6	14
E_{10}	E_7, E_8	7

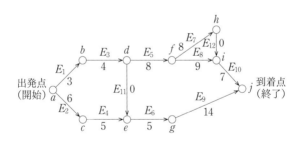

 ちなみに、ダミーの導入の仕方は一通りでなくいろいろ工夫するものですが、次の2つはよく用いられるものです。

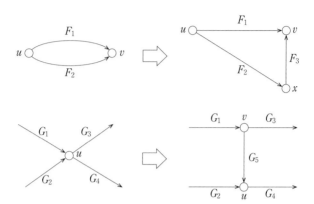

（G_3の先行作業はG_1、G_4の先行作業はG_1とG_2）

　ここで、（ア）と（イ）それぞれの小丸で表した点（頂点）において、その点を何日目にスタートできるかを示す**最早開始時刻**と呼ばれる数字を、小丸を大きくした丸の中に作業順に書き入れてみましょう。なお、出発点には0が入り、到着点には作業終了までに要する日数が入ります。

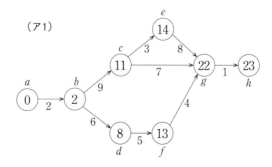

第6章 効率化を進める――組合せ論の応用　189

(イ1)

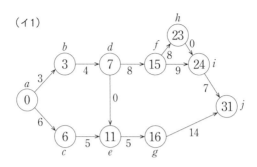

　次に、一般に作業日程を検討する場合、「日程を短縮するにはどうすればよいか」ということをよく考えるものです。そのとき、「たとえば逆から考えてみよう」として、各点について**最遅終了時刻**と呼ばれる、遅くとも何日目にその点をスタートすれば全体のスケジュールを遅らせることなく完了させられるかという数字を、丸の最早開始時刻の下に書き入れてみましょう。

最早開始時刻
最遅終了時刻

(ア2)

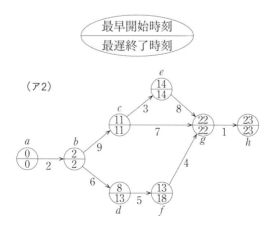

(イ2)

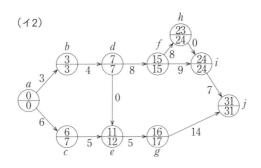

上の2つの図で、(ア2) と (イ2) それぞれにおける、

$$(a, b, c, e, g, h), \quad (a, b, d, f, i, j)$$

というルートは、どの点も最早開始時刻と最遅終了時刻が等しく、各点の数字は一つ前の点の数字にそれらの間の日数を加えたものになっています。このようなルートは一般に**クリティカルパス**と呼ばれ、作業日程の短縮を考えるときに検討すべきルートになるのです。なお、クリティカルパスは必ずしも1つとは限らないことを注意しておきます。

なお、丸の中に線を引いて、最早開始時刻と最遅終了時刻を書き込む書式は、かつて個人的に思いついて作ったものなので、一般的なものではないことに留意してください。

本節の最後に、最早開始時刻と最遅終了時刻を書き込む問題と、その解答を書いておきます。

第6章　効率化を進める——組合せ論の応用　　191

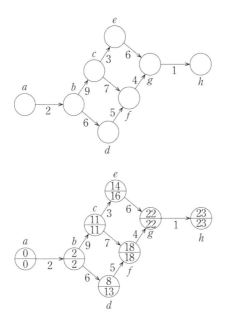

3　デザイン論の応用

　何人かの集団の中で小グループをいくつか作るとき、意外と偏りが目立つものです。そこで、たとえば7人の集団の中で、3人ずつの小グループを公平に作ることを考えてみましょう。7人から3人を選ぶ $_7C_3 = 35$ 個の組合せすべてを考えると、それは公平です。しかしながら、35個もの小グループは必要ないときはどうすればよいでしょうか。
　次の図とグループ例を見てください。

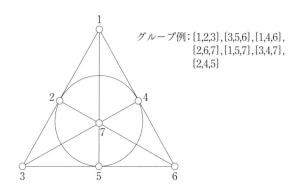

1, 2, 3, 4, 5, 6, 7 を 7 人の集団を見なすと、その中のどの 2 人をとってもその 2 人を含むグループはちょうど 1 つだけあります。

上の例を拡張したものに**デザイン**という概念があります。その例となるもので、ビジネスにも応用できる話題を少し紹介しましょう。とくに例 2 は、グループ分けによって能力をチェックするときなどに用いられるものです。

例 1 日本のプロサッカー J1 リーグは、1993 年のスタート時よりチーム数は増えたものの、基本的に偶数です。実は、それには理由があります。それは、「$2n$ チームの総当たり戦では、各チームとも 1 日に 1 試合以下しかできないという条件のもとで、ちょうど $(2n-1)$ 日間で終えるようにできる」という性質があるからです。

実際、総当たり戦の総数は、

$$_{2n}C_2 = \frac{2n(2n-1)}{2} = n(2n-1)$$

で、1日については全チームが参加する n 試合が最大ですから、その性質は最良のものです。次の図は、$n = 5$、全チーム名を $0, 1, 2, \ldots, 9$ としたときの9日間のスケジュール例です。ここで記号←→は対戦を示しています。

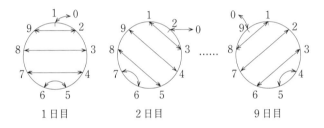

なお、n を5以外の一般の自然数にしても同様に作れることが、簡単に分かるでしょう。

例2 $n = p^e$（p は素数、e は自然数）のとき、n^2 人で $(n + 1)$ 日間にわたる次の条件を満たす活動ができます。

毎日 n^2 人を n 人ずつ n 個のグループに分けて活動する。n^2 人のうちのどの2人に対しても、その2人が同じグループで活動するのは $(n + 1)$ 日間を通してちょうど1回だけである。

これは、一般に直交ラテン方陣というものを使って構成するのですが、$n = 4$ で $4^2 = 16$ 人を $1, 2, \ldots, 16$ とする場合の例を挙げてみましょう。

1 日目
　{ 1, 2, 3, 4 } , { 5, 6, 7, 8 } , { 9, 10, 11, 12 } ,
　{ 13, 14, 15, 16 }
2 日目
　{ 1, 5, 9, 13 } , { 2, 6, 10, 14 } , { 3, 7, 11, 15 } ,
　{ 4, 8, 12, 16 }
3 日目
　{ 1, 6, 11, 16 } , { 2, 5, 12, 15 } , { 3, 8, 9, 14 } ,
　{ 4, 7, 10, 13 }
4 日目
　{ 1, 7, 12, 14 } , { 2, 8, 11, 13 } , { 3, 5, 10, 16 } ,
　{ 4, 6, 9, 15 }
5 日目
　{ 1, 8, 10, 15 } , { 2, 7, 9, 16 } , { 3, 6, 12, 13 } ,
　{ 4, 5, 11, 14 }

　また、$n = 5$ で $5^2 = 25$ 人を $1, 2, \cdots, 25$ とする場合の例
も挙げてみましょう。

1 日目	2 日目	3 日目
{ 4, 8, 12, 16, 25 }	{ 3, 6, 14, 17, 25 }	{ 2, 9, 11, 18, 25 }
{ 5, 9, 13, 17, 21 }	{ 4, 7, 15, 18, 21 }	{ 3, 10, 12, 19, 21 }
{ 1, 10, 14, 18, 22 }	{ 5, 8, 11, 19, 22 }	{ 4, 6, 13, 20, 22 }
{ 2, 6, 15, 19, 23 }	{ 1, 9, 12, 20, 23 }	{ 5, 7, 14, 16, 23 }
{ 3, 7, 11, 20, 24 }	{ 2, 10, 13, 16, 24 }	{ 1, 8, 15, 17, 24 }

4日目	5日目	6日目
$\{\,1,\ 7,13,19,25\,\}$	$\{\,1,\ 2,\ 3,\ 4,\ 5\,\}$	$\{\,1,\ 6,11,16,21\,\}$
$\{\,2,\ 8,14,20,21\,\}$	$\{\,6,\ 7,\ 8,\ 9,10\,\}$	$\{\,2,\ 7,12,17,22\,\}$
$\{\,3,\ 9,15,16,22\,\}$	$\{11,12,13,14,15\,\}$	$\{\,3,\ 8,13,18,23\,\}$
$\{\,4,10,11,17,23\,\}$	$\{16,17,18,19,20\,\}$	$\{\,4,\ 9,14,19,24\,\}$
$\{\,5,\ 6,12,18,24\,\}$	$\{21,22,23,24,25\,\}$	$\{\,5,10,15,20,25\,\}$

　なお、$n = 7, 8, 9, 11, 13, 16, 17, \cdots$でも $n = p^e$ という形ならば作ることができますが、それには有限体というものの知識が必要です。実際、専門的な内容の拙著を用いて説明できますが、難易度の観点からここでは見送らせていただきます。

第7章
因果関係を見抜く
——統計の応用

1　有効求人倍率と完全失業率

　一般にマークシート式問題では、言葉の意味を理解しなくても「やり方」だけ覚えればある程度解くことができるものの、記述式問題では、言葉の意味を理解しなくては解くことができません。実際、マークシート問題全盛の今の若い世代の多くは、答えを当てることは得意でも、答えを導く説明を苦手とします。

　その傾向が顕著に現れるのが「比と割合」の概念です。これは、「元にする量」と「比べられる量」をしっかり捉えていないと間違えてしまいます。とくに、次の4つが同じことを意味しているので、「やり方」に頼るだけの大学生は、問題の表現を変えられてしまうと、信じられない間違いをします。

　　(1)　〜の…に対する割合は○%
　　(2)　…に対する〜の割合は○%
　　(3)　…の○%は〜
　　(4)　〜は…の○%

　そして不安に思う大学生は、「%って何ですか」「食塩水の濃度問題の『やり方』を忘れたので、教えてくれますか」「〜率というものが付く概念が苦手です」などの質問をよくしに来ます。

第 7 章　因果関係を見抜く――統計の応用　　197

　実際、この問題に関しては拙著『就活の算数』（セブン＆アイ出版）をきっかけとして、基礎教育に熱心な大学の教員研修会（FD）に招かれて講演もしたほどです。そこで本書でも、「比と割合」についてはどこかで取り上げるべきと考えていたこともあり、「有効求人倍率」と「完全失業率」という重要な題材によって、本章の最初の節が適当であると判断しました。

　もし企業の採用担当の方が、以下述べる内容について就活中の大学生、とくに経営・ビジネス系の大学生にいろいろ質問していただけるならば、日本の算数・数学教育は大いに前進すると考えるので、参考にしていただければ幸いです。

　有効求人倍率とは、全国のハローワーク（公共職業安定所）で求職の登録をした人数（求職者）に対する、企業から寄せられている求人数の倍率を示す数値です。2010 年頃の有効求人倍率は 0.4 ぐらいだったものが、2018 年頃のそれは 1.6 ぐらいになったように、この 8 年間で雇用動向は大幅に改善したといえるでしょう。

　次に**完全失業率**とは、労働力人口（15 歳以上の働く意思をもっている就業者および完全失業者の合計）のうち、完全失業者（求職活動を行ったが、仕事をしなかった人）の割合（％）です。

　2010 年頃の完全失業率は 5 ％ぐらいだったものが、2018 年頃のそれは 2.5 ％ぐらいになったように、当然なこととはいえ、有効求人倍率とは逆の動きをします。

　もっとも企業は、景気が悪化してもすぐに社員を解雇することはなく、景気が良くなってもすぐに人を採用することもないので、完全失業率は景気の変動より数カ月

遅れて変化するのが普通です。

　また、求人があっても職種や勤務地や年齢などの条件が合わずに発生する失業もあるわけで、完全失業率が2.5％をさらに下回って推移することは難しいでしょう。とくに中高年の雇用問題には、行政はつねに注意を払ってもらいたいものです。

　最後に、有効求人倍率と完全失業率を数式として表しましょう。

　　　有効求人倍率 = 企業からの求人数÷求職者の人数
　　　完全失業率 = 完全失業者÷（就業者数
　　　　　　　　　　＋ 完全失業者数）× 100（％）

　ネットなどでは、有効求人倍率の割られる数と割る数を逆にしているものも見受けられます。それほど用法が荒れている本質は、算数の「比と割合」に関する理解が不十分なまま大人になった人たちがたくさんいることです。

2　標準偏差と相関係数

　統計データの分布状態を見るとき、平均値だけでは不十分で、データのバラツキの度合いも見る必要があります。そこで使われる主なものとして、分散および標準偏差があります。

　変量 x に関する n 個の統計データ $x_1, x_2, \cdots, x_n$ の平均値（相加平均）を μ とするとき、

$$\sigma^2 = \frac{1}{n} \sum_{i=1}^{n} (x_i - \mu)^2、\ \sigma = \sqrt{\frac{1}{n} \sum_{i=1}^{n} (x_i - \mu)^2}$$

第7章　因果関係を見抜く──統計の応用　199

をそれぞれ**分散**、**標準偏差**といいます。ここで、$x_i - \mu$ を x_i の平均値からの**偏差**といいます。データの散らばりの度合いが大きくなれば σ も大きくなり、データの散らばりの度合いが小さくなれば σ も小さくなることは、定義式を見れば理解できるでしょう。

　入学試験などの学力に関する一つの指標として、**偏差値**があります。変量 x を 100 点満点テストの得点、μ をそのテストの平均点、σ をそのテストの標準偏差とするとき、個人の得点 a に対する**偏差値**は、

$$\frac{a - \mu}{\sigma} \times 10 + 50$$

によって定めます。

　たとえば、70 人で受験して次の結果の試験があったとして、60 点に対する偏差値を求めてみましょう。

得点	30	55	60	80
人数	20	10	25	15

$$\mu = \frac{1}{70}(30 \times 20 + 55 \times 10 + 60 \times 25 + 80 \times 15)$$

$$= 55 (点)$$

$$\sigma = \sqrt{\frac{1}{70}(20 \times 25^2 + 25 \times 5^2 + 15 \times 25^2)}$$

$$= \sqrt{\frac{22500}{70}} \fallingdotseq 17.93 (点)$$

60 点に対する偏差値 $\fallingdotseq \dfrac{60 - 55}{17.93} \times 10 + 55 \fallingdotseq 52.8$

　入学試験での社会系科目と数学の得点を比べると、社

会の方が数学に比べて点数の散らばりの度合いが小さい
ことが普通です。しかし、平均点に関しては、それほど
目立った違いはないことも普通です。そこで、平均点は
どちらも 55 点で、社会と数学の標準偏差はそれぞれ 15
点と 30 点の入学試験があったとして、100 点満点と 25
点に対する偏差値をそれぞれについて求めてみましょ
う。

社会での100点に対する偏差値

$$= \frac{100 - 55}{15} \times 10 + 50 = 80$$

社会での25点に対する偏差値

$$= \frac{25 - 55}{15} \times 10 + 50 = 30$$

数学での100点に対する偏差値

$$= \frac{100 - 55}{30} \times 10 + 50 = 65$$

数学での25点に対する偏差値

$$= \frac{25 - 55}{30} \times 10 + 50 = 40$$

　私立大学の経済学部の入試で、社会系 1 科目と数学を
選択にしているところは多くあります。かつては選択科
目間の得点調整を偏差値によって調整していた私立大学
経済学部で、現在は行っていないところが何校かありま
す。その大きな理由は、上の例のような極端ではないに
しろ、同じ 100 点でも有利・不利がはっきり表れる場合
があるからです。
　次に、金融市場での金価格（= x）とドルレート（=

第7章　因果関係を見抜く——統計の応用　201

y）の関連や、気温（＝ x）と水消費量（＝ y）の関連などのように、2つの変量 x, y の関係を調べたいときがあります。そのようなとき、最もよく使われるものとして**相関係数** r があります。まず、その定義を述べましょう。

2つの変量 x, y に関して、次の n 組の測定値をもったとします。

$$(x_1, y_1), (x_2, y_2), \cdots, (x_n, y_n)$$

このとき、$x_1, x_2, \cdots, x_n$ に関する平均値、標準偏差をそれぞれ μ_x、σ_x で表し、$y_1, y_2, \cdots, y_n$ に関する平均値、標準偏差をそれぞれ μ_y、σ_y で表すことにします。$\sigma_x \neq 0$、$\sigma_y \neq 0$ の場合、それらの n 組の測定値に対する x と y の間の**相関係数** r を、

$$r = \frac{1}{n} \sum_{i=1}^{n} \left(\frac{x_i - \mu_x}{\sigma_x} \right) \left(\frac{y_i - \mu_y}{\sigma_y} \right)$$

によって定義します。r の値が正（負）になるとき、x と y の間には**正（負）の相関**があるといいます。

xy 座標平面上に点 $(x_1, y_1), (x_2, y_2), \cdots, (x_n, y_n)$ をとった相関図を見るとき、相関係数 r は、それらの点の分布が点 (μ_x, μ_y) に対して、どのような位置関係になっているかを示すものです。なお、r の定義式において、σ_x や σ_y で割っているのは、x 軸方向や y 軸方向に関する点の散らばりを、x や y の測定単位とは無関係になるように調整するためで、一般に**データの標準化**といわれます。

たとえば、9組の測定値に対する相関係数 r を、以下の2つの図（ア）と（イ）について求めてみましょう。

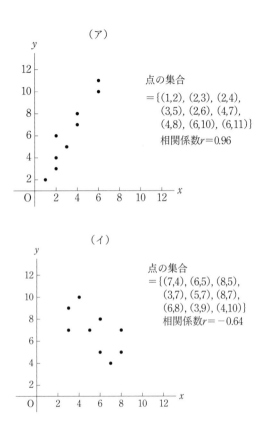

いろいろ相関係数を求めてみると、相関図が正の傾きの直線に近づくにしたがってrは1に近づき(図(ア)参照)、負の傾きの直線に近づくにしたがってrは-1に近づき(図(イ)参照)、どちらの傾向もほとんどないときrは0に近い値をとることが、見て取れるでしょう。これに関しては一般に、次の定理が成り立ちます。

第 7 章　因果関係を見抜く——統計の応用　　203

定理　2 つの変量 x, y に関して、n 組の測定値

$$(x_1, y_1), (x_2, y_2), \cdots, (x_n, y_n)$$

をもったとし、$x_1, x_2, \cdots, x_n$ に関する平均値、標準偏差をそれぞれ μ_x、σ_x で表し、$y_1, y_2, \cdots, y_n$ に関する平均値、標準偏差をそれぞれ μ_y、σ_y で表すとする。$\sigma_x \neq 0$、$\sigma_y \neq 0$ のとき、それら n 組の測定値に対する x と y の間の相関係数 r について、

$$-1 \leqq r \leqq -1$$

が成り立つ。ただし $r = 1$ が成り立つためには、

$$\frac{x_i - \mu_x}{\sigma_x} = \frac{y_i - \mu_y}{\sigma_y} \quad (i = 1, 2, \cdots, n)$$

が成り立つことが必要十分であり、また $r = -1$ が成り立つためには、

$$\frac{x_i - \mu_x}{\sigma_x} = -\frac{y_i - \mu_y}{\sigma_y} \quad (i = 1, 2, \cdots, n)$$

が成り立つことが必要十分である。

3　傾向を表す回帰直線

　自然現象や経済現象などの推移を考えるときは、x 軸に時間をとって、y 軸にそれらの現象を表す数値をとって予測することが普通です。また、身長と体重、あるいは英語の成績と数学の成績などのように、どちらを x 軸にとってもよい相関図を考えて関連を分析するときもあ

るでしょう。

　それらの予測や分析をするとき、与えられたデータを代表するような平均的な直線としての、y の x への**回帰直線**を用いることがよくあります。

　それは、すべてのデータを xy 座標平面上の点 $A_1(x_1, y_1), A_2(x_2, y_2), \cdots, A_n(x_n, y_n)$ として表すとき、

$$\sum_{i=1}^{n} (A_i と直線 y = ax + b との y 軸方向の距離)^2$$

が最小となるように a と b を決定することです。もちろん、相関係数 r が 1 または -1 にある程度近い状況が望ましいのです。以下述べる**最小2乗法**という決定法によって、a と b は決定されます。

$$d_i = |y_i - (ax_i + b)|$$

と形式的におくと、d_i は点 $A_i(x_i, y_i)$ と点 $B_i(x_i, ax_i + b)$ との距離で、

$$\sum_{i=1}^{n} d_i^2 = \sum_{i=1}^{n} \{y_i - (ax_i + b)\}^2$$

が最小になるようにしたいのです。そして、この条件から結論として、

$$a = \frac{r\sigma_y}{\sigma_x} \quad 、 \quad b = \mu_y - \frac{r\sigma_y \mu_x}{\sigma_x}$$

を得ます。これは求める直線 ℓ が、点 (μ_x, μ_y) を通り、傾きが $\dfrac{r\sigma_y}{\sigma_x}$ であることを意味しています（証明は拙著『新体系・高校数学の教科書（下）』を参照）。

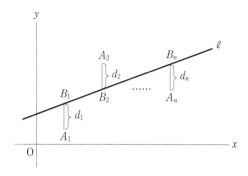

　なお、データ数 n が少なくても、あるいは相関係数 r が 0 に近くても回帰直線は求まりますが、それが独り歩きしないように注意したいものです。

　また参考までに、回帰直線ではなく回帰平面というものもあります。これは、xyz 座標空間において集めたデータ $A_i(x_i, y_i, z_i)$ $(i = 1, 2, \cdots, n)$ から、それらのデータを代表するような平均的な平面を考えるもので、同じく最小 2 乗法という決定法があります。もちろん、このような考え方については、次元 n をもっと上げることもできます。

　最後に本書第 1 版では、男女の平均初婚年齢差の 1990 年から 1998 年の下記の表から、西暦 x 年の平均初婚年齢差 y の回帰直線を求めました。それは、およそ

$$y = -0.10(x - 1990) + 2.67$$

になり、2017 年頃には平均初婚年齢差は 0 になることを予測しました。結果は外れ、ここ数年は、その差は大体 1.6 ぐらいで推移しているようです。およそ予測というものはそういうものかも知れませんが、どのようなデー

タを用いて、何を導いたかをしっかり述べることが大切
です。

1990	1991	1992	1993	1994	1995	1996	1997	1998
2.7	2.5	2.5	2.4	2.2	2.2	2.1	1.9	1.9

上段：年
下段：年齢差

出所：「人口動態統計」

4　正規分布と正規検定（☆）

5章6節で取り上げた二項分布 $B(n, p)$ について、その期待値 μ と分散 σ^2 を実際に求めると、それぞれ、

$$\mu = np \ , \ \sigma^2 = np(1 - p)$$

となります。それは、n を十分大きくすると5章6節で紹介した正規分布 $N(np, np(1 - p))$ のグラフ

$$y = \frac{1}{\sqrt{2\pi}\sigma} e^{-\frac{(x-\mu)^2}{2\sigma^2}}$$

に限りなく近づきます。

ところが、そのグラフは μ や σ があって扱いにくいのです。そこで変数の変換

$$z = \frac{x - \mu}{\sigma}$$

によって置き換えると、それは次の**標準正規分布**と呼ばれる $N(0, 1)$ のグラフになります。

第7章 因果関係を見抜く──統計の応用　207

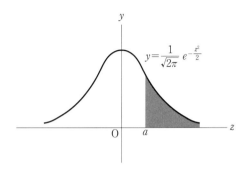

上図において、曲線と z 軸で挟まれる部分の面積は 1 であり、とくにそれを

$z \geqq a$ 　（a は0以上の数）

に制限した部分の面積はほとんどの数表に載っています。だからこそ、正規分布を標準正規分布に変数変換するメリットが生じるのです。

以上の準備のもとで、一つの例として打率 4 割の壁を考えてみましょう。

20 世紀における日本プロ野球シーズン最高打率の上位 3 人は 0.389 のバース（1986 年）、0.387 のイチロー（2000 年）、0.383 の張本（1970 年）です。いずれもあと 0.02、すなわちあと 2 分足すと 4 割に届きますが、その 0.02 の壁を次のようにして捉えてみましょう。

打率 0.38 の打者が 1 シーズンに 530 打数あるとして、最終打率が 4 割以上になる確率 Q を求めてみます。

$\mu = 530 \times 0.38$、$\sigma = \sqrt{530 \times 0.38 \times 0.62}$

とおき、二項分布 $B(530, 0.38)$ を正規分布 $N(\mu, \sigma^2)$ と

みなし、変数変換

$$z = \frac{x - \mu}{\sigma}$$

を行うと、

$$Q = P(x \geq 530 \times 0.4) \quad (P は確率の意味)$$

$$= P\left(z \geq \frac{530 \times 0.4 - \mu}{\sigma}\right)$$

$$\fallingdotseq P\left(z \geq \frac{212 - 201.4}{11.17}\right)$$

$$\fallingdotseq P(z \geq 0.95)$$

$$\fallingdotseq 0.17 \quad (数表利用)$$

を得ます。この17％は望みのある数字ではありますが、もし打率0.33の打者が1シーズンに530打数あるとして、最終打率が4割以上になる確率 R を同様にして求めると、

$$R \fallingdotseq 0.0003$$

を得ます。

　打率0.38と0.33はわずか0.05の違いかも知れません。しかし、4割を目指すときの壁の厚さは、上記のように驚くほど違うものになるのです。

　次に、正規分布を用いて検定（仮説検定）の考え方を紹介しましょう。5章6節で述べた検定の考え方は二項検定と呼ばれ、正規分布を使った検定を**正規検定**といいます。

　「怪しまれているコインを500回投げたところ表が300

第7章　因果関係を見抜く──統計の応用　209

回出たが、有意水準5％でこのコインは表が出やすいと
いえるのではないか」、あるいは「怪しまれているサイ
コロを600回投げたところ1の目が80回しか出なかった
が、有意水準5％でこのサイコロは1の目が出にくいと
いえるのではないか」などのような場合にも正規検定を
適用することができます。

　正規検定の適用におけるポイントは、試行回数nが
大きいことであり、nが10とか20のような小さい場合
には二項検定を使うべきでしょう。以下、5章6節の最
後に述べた不等式を使って、正規検定に関する一例を挙
げましょう。

　ある会社のハンサムな課長さんは、部下にAさん、B
さん、Cさんの3人のOLがいます。課長さんは、常日
頃からAさんに好意をもっていますが、立場上決して
そのようなことを見抜かれてはいけません。しかしなが
らCさんは「自分やBさんよりAさんの方が課長さん
からよく声をかけられる」と薄々感じていました。そし
てあるとき、Cさんは課長さんと次のような会話をしま
した。

「課長さん、3人の中でなぜかAさんによく声をかけま
すね」

「いや、そんなことないよ。私は均等に3人に声をかけ
ていますよ。すなわち、誰にも確率$\frac{1}{3}$で声をかけてい
るつもりです。たとえばサイコロを投げて、1または2
の目が出たらAさん、3または4の目が出たらBさん、
そして5または6の目が出たらCさん、というようにね」

　それを言われたCさんは、Bさんに次のように話し
て翌日からデータをとり始めたのです。

「Bさん、課長さんは私たちの中でとくにAさんによく声をかけていると思いませんか？　明日から課長さんが延べ300回声をかけたうち、Aさんには何回なのか数えてみます。そして有意水準5％で検定してみましょう」

そして後日、Cさんは課長さんに次のように言いました。

「課長さん、延べ300回声をかけたうち、Aさんには120回、Bさんまたは私には180回でした。このデータから有意水準5％で『課長さんはAさんにとくに話しかけたい』と結論付けられます。いかがでしょうか」

実際、その発言は次のようにして導かれたのです。

「課長さんがCさんに声をかける確率は$\frac{1}{3}$」という**仮説**を立てると、その仮説を有意水準5％で棄却できない範囲は、

$$\mu - 1.96\sigma \leqq x \leqq \mu + 1.96\sigma$$

です（5章6節参照）。ここで、

$$\mu = 300 \times \frac{1}{3} = 100$$

$$\sigma = \sqrt{300 \times \frac{1}{3} \times \frac{2}{3}} \fallingdotseq 8.165$$

$$1.96\sigma \fallingdotseq 16$$

なので、その範囲は

$$84 \leqq x \leqq 116$$

となります。そこで、120はその仮説の**棄却域**に入ります。したがって仮説は棄却され、Cさんの最後の発言が

導かれたのです。

　ところで、5章6節の最後に述べたもう一つの不等式

$$\mu - 2.58\sigma \leqq x \leqq \mu + 2.58\sigma$$

を用いると、その仮説を有意水準1％で棄却できない範囲は、

$$79 \leqq x \leqq 121$$

となります。これが意味することは、120 はその仮説の有意水準1％での**棄却域**に入らないことです。

　そこで問題になることは、「有意水準〜％だと仮説が棄却されるかというギリギリの確率はどのくらいか」という〜％です。この確率を一般にp値といいます。

　このp値は標準正規分布表から求められますが、大切なことはp値を先に求めてから有意水準をそれに合わせて設定して、もっともらしく仮説を棄却するような、モラル違反の検定をしてはならないということです。

5　χ^2分布とχ^2検定（☆）

　正規分布から派生した分布として、χ^2（**カイ二乗）分布**、**F分布**、**t分布**などがあります。本節では、χ^2分布を用いたχ^2**検定**の用法について説明し、最後に**F検定**および**t検定**について簡単に触れておきましょう。

　まず、χ^2分布の定義を書くこともできますが、その説明にはΓ（**ガンマ**）関数などの説明も必要で、χ^2検定の用法の説明とは縁遠いものがあります。そこで本書では、その定義は省略します。

血液型ばかりでなく一般に、ある集合をいくつかの排反する部分集合に分け、それらの特徴づけを統計学的に行うとき、χ^2検定はよく使われます。

たとえば、自然法則に対する実験結果の適合性、薬の有効性、製品の品質管理、等々。

χ^2分布は、自然数の値をとる自由度と呼ばれるものをもち、その値が1、2、3以上のそれぞれの場合によってグラフは大きく変化し、正規分布のように同じ形ではありません。ここでは、χ^2分布のイメージをつかむために自由度3の図を描きましょう。

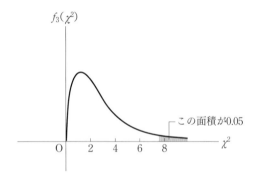

上図において、グラフと（χ^2を表す）横軸で挟まれた部分の面積は1です。そしてほとんどの数表に載っているχ^2分布表から、$\chi^2 \geq 6.251$に制限するとその面積は0.1、また$\chi^2 \geq 7.815$に制限するとその面積は0.05になります。そして、自由度3のχ^2分布を使った検定（仮説検定）を有意水準5％で行うときは、$\chi^2 > 7.815$が**棄却域**となるのです。

ここで、χ^2分布に関する2つの定理を紹介し、それ

第7章　因果関係を見抜く——統計の応用　213

らを使った χ^2 検定の例をそれぞれ順に挙げましょう。もちろん、χ^2 検定でも正規検定と同様に p 値が定まります。

定理1　母集団が互いに共通部分のない k 個の部分集合 $S_1, S_2, \cdots, S_k$ に分かれ、任意に選んだ一つの個体（要素）が S_i に属する確率を p_i とする $(1 \leq i \leq k)$。ここで $p_1 + p_2 + \cdots + p_k = 1$。いま母集団から大きさ n の**標本**（サンプル）をとり、そのうち S_i に属するものが x_i 個であるとすると $n, np_1, np_2, \cdots, np_k$ が十分大きければ、

$$y = \sum_{i=1}^{k} \frac{(x_i - np_i)^2}{np_i}$$

は近似的に自由度 $k-1$ の χ^2 分布に従う。

定理2　母集団がある属性Iに関して互いに共通部分のない k 個の部分集合 $S_1, S_2, \cdots, S_k$ に分かれ、またある属性IIに関して互いに共通部分のない l 個の部分集合 $T_1, T_2, \cdots, T_l$ に分かれたとする。そして、無作為に大きさ n の**標本**を抽出し、その属性を調べると、次の結果を得たとする。

属性I ＼ 属性II	T_1	T_2	$\cdots$	T_l	計
S_1	a_{11}	a_{12}	$\cdots$	a_{1l}	s_1
S_2	a_{21}	a_{22}	$\cdots$	a_{2l}	s_2
$\vdots$					$\vdots$
S_k	a_{k1}	a_{k2}	$\cdots$	a_{kl}	s_k
計	t_1	t_2	$\cdots$	t_l	n

このとき、属性ⅠとⅡが独立（お互いに無関係）で、すべての $(s_i t_j)/n$ と a_{ij} が十分大きければ、

$$y = \sum_{i=1}^{k} \sum_{j=1}^{l} \frac{\{x_{ij} - (s_i t_j)/n\}^2}{(s_i t_j)/n}$$

は近似的に自由度 $(k-1)(l-1)$ の χ^2 分布に従う。ただし x_{ij} は、大きさ n の標本 H ごとに変動する $S_i \cap T_j$（S_i と T_j の共通集合）に属する H の個体の数である。

例1 あるサイコロを6000回投げたところ、次の結果を得たとします。

目の数	1	2	3	4	5	6
回　数	951	1041	1050	947	963	1048

「サイコロは正常である」という仮説を立ててみます。サイコロを6000回投げるときの i の目が出る回数を x_i $(i = 1, 2, 3, 4, 5, 6)$ とすれば、定理1より、

$$y = \sum_{i=1}^{6} \frac{(x_i - 1000)^2}{1000}$$

は近似的に自由度5の χ^2 分布に従います。ここで χ^2 分布表より有意水準5％のときの棄却域は $y > 11.07$ ですが、

$$\frac{(951 - 1000)^2}{1000} + \frac{(1041 - 1000)^2}{1000} + \frac{(1050 - 1000)^2}{1000}$$

$$+ \frac{(947 - 1000)^2}{1000} + \frac{(963 - 1000)^2}{1000} + \frac{(1048 - 1000)^2}{1000}$$

$$= 13.064$$

なので、仮説は有意水準5％で棄却されます。よって、「サイコロは正常でない」といえるのです。

例2 三大死亡原因といえば、悪性新生物（ガン）、心疾患、脳血管疾患です。実際に、ある年度のA県とB県の三大死亡原因による死亡者数は次の表になりました。

（人）

	悪性新生物	心疾患	脳血管疾患	計
A	5,054	2,418	2,860	10,332
B	5,283	2,799	3,039	11,121
計	10,337	5,217	5,899	21,453

　ここで、「Aの県とBの県は三大死亡原因の割合に関して差がある」といえるでしょうか。

　最初に、「AとBの両県は三大死亡原因の割合に関して差はない」という仮説を立ててみます。このとき、次の式の計算結果が5.991より大きいならば、有意水準5％でそれは棄却されることが定理2とχ^2分布表から分かります（χ^2分布の自由度は2）。

$$\frac{\{5054 - (10337 \times 10332 \div 21453)\}^2}{10337 \times 10332 \div 21453}$$

$$+ \frac{\{2418 - (5217 \times 10332 \div 21453)\}^2}{5217 \times 10332 \div 21453}$$

$$+ \frac{\{2860 - (5899 \times 10332 \div 21453)\}^2}{5899 \times 10332 \div 21453}$$

$$+ \frac{\{5283 - (10337 \times 11121 \div 21453)\}^2}{10337 \times 11121 \div 21453}$$

$$+ \frac{\{2799 - (5217 \times 11121 \div 21453)\}^2}{5217 \times 11121 \div 21453}$$

$$+ \frac{\{3039 - (5899 \times 11121 \div 21453)\}^2}{5899 \times 11121 \div 21453}$$

上式の計算結果は9.324になります。それゆえ、「Ａ
とＢの両県は三大死亡原因の割合に関して差がある」
といえるのです。

最後に、F検定とt検定について簡単に触れておきま
しょう。

２つの正規母集団（データが正規分布に従う母集団）
の母平均が等しいか否かの検定で用いるものがt検定だ
といえます。

しかし既に学んだことから気付くように、それらの分
散である母分散が大きいか小さいかによって、それぞれ
の平均を推定する範囲も大きくなったり小さくなったり
します。そこで、２つの母分散を比べる必要から用いる
ものがF検定です。

新たな教育方法やセールスの効果があることを確かめ
るときなどに、t検定はよく用いられます。もちろん、
これについても正規検定やχ^2検定と同様にp値が定ま
ります。

6　仮説検定は単なる出発点

2000年前後から私は「ゆとり教育」の問題点をいろ
いろ指摘し、数学教育の形骸化を改めさせるための提言
を著書ばかりでなく、朝日新聞「論壇」や読売新聞「論
点」ほか様々な媒体を通して訴えました。とくに算数教
育の計算に関しては、以下の２つの点を重点的に訴えた

ことを思い出します。

- ドミノ現象やボックスティッシュの仕組みなどから、つながっていく性質のあるものの教育では「3」が大切で、縦書き掛け算の教育が2ケタ×2ケタで終わってしまうのは、歴史的にも諸外国と比較しても問題である。速やかに3ケタ×3ケタなどのケタ数の大きい掛け算の学びを復活させるべきである。
- 計算は原則として左から行う、カッコは一まとめ、×と÷は+と−より結び付きが強い、等々の四則混合計算の規則を理解させる問題演習が「ゆとり教育」の教科書では昔と比べて極端に減ってしまい、これでは生徒に規則を理解させる上で問題だと言わざるを得ない。

それらに関しては、2006年7月に国立教育政策研究所が発表した「特定の課題に関する調査（算数・数学）」（小4〜中3、約3万7000人対象）の結果で、以下のような驚くべきものが現れたのです。

小学4年生を対象とした「21 × 32」の正答率が82.0％であったものの、「12 × 231」のそれは51.1％に急落。小学5年生を対象とした「3.8 × 2.4」の正答率が84.0％であったものの、「2.43 × 5.6」のそれが55.9％に急落。「3 + 2 × 4」の正答率が小4、小5、小6となるにしたがって、73.6％、66.0％、58.1％と逆に下がっていく現象もあったのです。

間もなくして私は、文部科学省委嘱事業の「（算数）教科書の改善・充実に関する研究」専門家会議委員に任

命され（2006年11月〜08年3月）、算数教科書の上記の件に関する持論を最終答申に盛り込んでいただき、その後の学習指導要領下の算数教科書は改善されてきました。

　実は、私がそのような問題に熱くなって主張している頃、一方で「学力向上に効果がある」「脳が活性化する」などということを謳ったいろいろな教材が、「ゆとり教育」に対する不安を背景に数多く販売されました。そのような動きに対して私は、「学校の教科書も学べば学力向上に効果があるし、それどころか、算数・数学に関するどんな本や問題集を学んでも、学力向上に効果があるはず。それは、仮説検定を行っても間違いなくいえるだろう」と冷静に捉えていました。

　当時からそのように考えていただけに、ビジネスに置き替えて考えてみると、「新商品に関しては宣伝効果がある」と仮説検定でいえたとしても、それは単に出発点に過ぎないのではないか。むしろ、重要なのは「費用対効果」ではないだろうか、と常々思っています。スカウトや商談での話法に関しても、「仮説検定によって、その話法は効果があることが確かめられた」ということは出発点であって、本当は「その話法の効果はどのくらいか」という効果を測るところまで踏み込む必要があると考えます。

　もちろん新薬に対する仮説検定など、人類にとって重要な仮説検定はたくさんあるはずで、仮説検定の意義を否定するつもりは全くありません。しかし、それで満足して終わらせてはならないはずで、「仮説検定は単なる出発点」という冷静な気持ちをもっていただきたいのです。

7 多変量解析の基礎となる 距離と固有値の考え方（☆☆）

多変量解析には主に、距離の考え方が基礎となる**判別分析**と**クラスター分析**、および線形代数学の固有値の考え方が基礎となる**主成分分析**と**因子分析**があります。多変量解析の多くの書を見ると、それらの基礎となる考え方の説明はあまりなく、応用としての使われ方の解説に終始している感があります。そこで本節では、それらの基礎となる考え方での注意点を簡単に述べることにします。

なお本節では、前向きな文系大学生が大学教養課程で学ぶ程度の線形代数と集合の知識だけはもっていると仮定して述べさせていただくことをお許しください。それらについての知識に不安のある読者は、適当に読み飛ばしていただければ幸いです。もっとも、多変量解析には「解析」という字がありますが、微分積分とはほとんど関係がないことを留意してもらいたいです。

まず距離に関しては、既に2次元や3次元の世界で学ばれたことでしょう。復習すると、xy座標平面上の2点$P(x_1, y_1)$と$Q(x_2, y_2)$の距離PQおよびxyz座標空間上の2点$A(x_1, y_1, z_1)$と$B(x_2, y_2, z_2)$の距離は、三平方の定理を応用してそれぞれ

$$\sqrt{(x_2 - x_1)^2 + (y_2 - y_1)^2}, \sqrt{(x_2 - x_1)^2 + (y_2 - y_1)^2 + (z_2 - z_1)^2}$$

で与えられます。およそ距離というものを考えると、次の距離空間の定義に辿り着きます。

R を実数全体の集合、S を空でない集合、d を $S \times S$ $= \{(a, b) \,|\, a, b$ は S の元$\}$ から R への写像で、以下の4つの条件を満たすとします。

（ⅰ） S の任意の元 x, y に対し $d(x, y) \geqq 0$

（ⅱ） S の元 x, y に対し，$d(x, y) = 0 \Leftrightarrow x = y$ （$\Leftrightarrow$ は必要十分条件の意味）

（ⅲ） S の任意の元 x, y に対し $d(x, y) = d(y, x)$

（ⅳ）（三角不等式） S の任意の元 x, y, z に対し
$$d(x, z) \leqq d(x, y) + d(y, z)$$

このとき d を S 上の**距離関数**といい、S と d を合わせた概念 (S, d) を**距離空間**といいます。

もちろん、2次元の世界 R^2 や3次元の世界 R^3 は上の定義を満たしています。そして、R^2 や R^3 を拡張した R^n の世界での距離を、一般に**ユークリッドの距離**といいます。

現在はデジタル化の時代であり、3章4節で述べたように広い分野で符号の概念が浸透しつつあります。符号の世界における距離の定義は以下のように素朴です。n を自然数、T を有限個の元からなる集合とし、C を

$$T \times T \times \cdots \times T = \{(x_1, x_2, \cdots, x_n) \,|\, 各 x_i は T の元\}$$

$$（n 個の T の直積）$$

の部分集合とするとき、C の元

$$(x_1, x_2, \cdots, x_n) \quad と \quad (y_1, y_2, \cdots, y_n)$$

の距離 d を、これらの異なる成分の個数と定めます。たとえば、n を6、T を1以上9以下の自然数の集合とするとき、$(2, 5, 1, 1, 7, 8)$ と $(2, 5, 3, 9, 7, 4)$ の距離は3です

（第3、4、6成分が異なる）。このように距離 d を定めると、(C, d) は距離空間になります。

さて判別分析は普通、「採用か不採用か」「営業向きか企画向きか」というように、合理的に全体を2つに分ける場合に用いられます。そのとき、データ全体の集合Sを1つの距離空間とします。そして全体を2つの集合AとBに分ける判別の境界は、AとBがよく分離することを目的として、

AとBのグループ間の分散 ÷ 全体Sの分散

がなるべく大きくなるように決定するのです。ここで、AとBのグループ間の分散は次のように定めます。

集合Aの元の個数を $m(A)$、集合Bの元の個数を $m(B)$ とすると、全体Sの元の個数は $m(A) + m(B)$ となります。そして、集合A、集合B、全体Sそれぞれの平均値を $\mu(A)$、$\mu(B)$、$\mu(S)$ とするとき、AとBの**グループ間の分散**を

$$\frac{m(A)}{m(A) + m(B)}(\mu(A) - \mu(S))^2$$
$$+ \frac{m(B)}{m(A) + m(B)}(\mu(B) - \mu(S))^2$$

によって定めるのです。

次にクラスター分析は、分析の対象となるデータ全体の集合Sを1つの距離空間とし、似たもの同士をグループ化することが主目的となります。このとき、「距離が近い」を「似たもの同士」と考えるのです。

グループ化するとき、似たもの同士を優先してグルー

プの個数を決める方法と、グループの個数をあらかじめ決めてから似たもの同士を集める方法の2つがあります。どちらの方法を選ぶかによって、結果が大きく変わることもあります。さらに大切だと思うことは、たった1つか2つのデータが加わることによって、クラスター分析の結果は大きく変わることもあるのです。

　ちなみに判別分析やクラスター分析における距離は、「ユークリッドの距離」のほか、「マハラノビスの距離」というもの、その他もよく用いられます。ここで注意したいことは、距離の公理（ⅰ）〜（ⅳ）を満たすものならば、各自が合理的だと思う距離を考案してもよいということです。

　次に固有値の話に移ります。大学文系の線形代数学を学ぶと、最後に「実対称行列の対角化」が現れることが普通です。これは、係数が実数の n 次正方行列 A が対称行列（対角成分に関して対称となる行列）であるとき、$P^{-1}AP$ が対角行列（対角成分以外の成分がすべて 0 となる行列）となる実数係数の n 次正則行列 P が存在する、ということです（正則行列は逆行列をもつ行列のこと）。

　ここで、その対角行列の対角成分に現れる数値全体は実数で、また（重複度を含めて）行列 A の固有値全体になります。そして固有値の最初に学ぶように、それら全体は I を n 次単位行列とするときの固有方程式 $|xI - A| = 0$ の根全体と一致します（$|xI - A|$ は行列 $xI - A$ の行列式のこと）。ちなみに、x の n 次方程式となる固有方程式 $|xI - A| = 0$ の解は計算機によって解け

ますが、それはあくまでも近似値であることに注意します。

さて、主成分分析は多くの観測変数からいくつかの主成分を作って全体のデータを表現するもので、因子分析は多くの観測変数をまとめるような共通因子をいくつか作るものですが、ともに**分散共分散行列**が重要な働きをします。その定義を紹介すると以下のようになります（観測変数とは、生徒の学力調査ならば英・数・国・理・社の各教科のようなもの）。

いま、調査対象とする m 個の統計データがどれも n 個の観測変数 $X_1, X_2, \cdots, X_n$ に関する測定値をもてば、自然に m 個のデータの組

$$(x_{11}, x_{12}, \cdots, x_{1n}), (x_{21}, x_{22}, \cdots, x_{2n}), \cdots,$$
$$(x_{m1}, x_{m2}, \cdots, x_{mn}) \quad \cdots (\bigstar)$$

が考えられます。ここで、x_{ij} は i 番目のデータの変量 X_j に関する値です。$x_{1j}, x_{2j}, \cdots, x_{mj}$ に関する平均値を μ_j とするとき、$(\bigstar)$ に対する**分散共分散行列** S とは n 次正方行列で、

$$S \text{の}(i, j)\text{成分} = \frac{1}{m} \sum_{k=1}^{m} (x_{ki} - \mu_i)(x_{kj} - \mu_j)$$

によって定められるものです。

定義より S は実対称行列なので、S の固有値はすべて実数です。ここで $P^{-1}AP$ が対角行列となる実数係数 n 次正則行列 P は、単に正則行列だけでなく、n 次直交行列としてとることができます。なお正方行列 Q が直交行列であるとは、Q の転置行列（Q を対角成分に関して

ひっくり返した行列）${}^tQ$ が、Q の逆行列になることです。ここまでは、日本国中で販売されている数百冊という線形代数学のテキスト全部に書かれていると言っても、過言でないことです。

さらに分散共分散行列 S は**半正値**、すなわち S の固有値はすべて 0 以上になるのです。したがって、n 個の固有値を $\lambda_1, \lambda_2, \cdots, \lambda_n$ とすると、

$$\lambda_1 \geqq \lambda_2 \geqq \cdots \geqq \lambda_n \geqq 0$$

を満たすことになり、ある n 次直交行列 P によって、

$$P^{-1}SP = \begin{bmatrix} \lambda_1 & & & \mathbf{0} \\ & \lambda_2 & & \\ & & \ddots & \\ \mathbf{0} & & & \lambda_n \end{bmatrix}$$

と対角化されるのです。それらの固有値 $\lambda_1, \lambda_2, \cdots, \lambda_n$ に関しては、"ものをいう"大小の順に並べられたものであり、その性質を本質的に使っているのが主成分分析であり、因子分析なのです。

ところで、ここで大変厄介な問題があります。上で述べたように S の固有値がすべて実数である証明は、どんな線形代数のテキストにも書かれています。一方、S が半正値になることの証明は、線形代数学のテキストに書かれていないことは仕方がないとしても、多変量解析のテキストには必ず書かれているべき事項だと考えます。ところが、「その証明が、自分がもっている多変量解析のテキストにはない」という指摘が私の周囲の人たちから何度も寄せられたのです。

そこで S は半正値になることの証明を、述べることにしましょう。そのためには、任意の実数係数 n 次縦ベクトル x に対し、

$$^t x S x \geq 0 \quad \cdots (*)$$

をいえばよいのです（理系向けの線形代数学のテキストを参照、t は縦ベクトルを横ベクトルにする転置のこと）。以下、$(*)$ の成立を示します。

いま、(i, j) 成分が $x_{ji} - \mu_i$ である m 次正方行列を T とすると、

$$S = \frac{1}{m} T {}^t T$$

となります。そこで、

$$^t x S x = \frac{1}{m} {}^t x (T {}^t T) x = \frac{1}{m} ({}^t T x)({}^t T x) \geq 0$$

となるので、S は半正値になります。

ちなみに、本章 2 節で導入した**標準化**は分散共分散行列に対しても行うことができ、すなわち全データを

$$\frac{測定値 - 平均}{標準偏差}$$

によって取り替えたときの分散共分散行列を、とくに**相関行列**といいます。

冷静に考えると、S が半正値になることの証明は、数学科における統計学の期末試験問題に出せば解くことができる問題でしょう。しかし上で述べたわずか 5 行の証

明は、一般読者のためにも多変量解析のテキストにはぜ
ひ入れてもらいたいと考えます。

　最後に、私が執筆してきた書を振り返ると一つの特徴
があります。それは今から20年ぐらい前から、周囲の
人たちから散々言われてきたことを埋めてきた面があり
ます。「4 × 4のパネルの中で15個の小チップを移動す
る15ゲームは半分完成して半分完成しませんが、その
平易な証明を丁寧に書いたらどうでしょうか」「円の面
積がπr^2になることの証明は、ネットでは積分を使った
循環論法になってしまう誤った証明が紹介されています
が、それとは根本的に異なる厳格な証明を丁寧に書いた
らどうでしょうか」「ガロア理論を述べた書の後半に
は、解くことができない5次以上の方程式のいろいろな
例と、その部分の証明があってしかるべきと思います。
しかし、手にとって学んだ代数学やガロア理論のテキス
トにはその種の例がほとんど載っていません。昔は群論
などを研究された方なので昔を思い出して、そのような
例と証明も手厚く述べたガロア理論の書を執筆したらど
うでしょうか」等々。

　それらに関しては、順に『群論入門』（講談社ブルー
バックス）『無限と有限のあいだ』（PHPサイエンス・ワ
ールド新書）『今度こそわかるガロア理論』（講談社サイ
エンティフィク）で述べてきました。そして本章では、
分散共分散行列の半正値性を述べて、本書の終わりとし
ます。

索引

算用数字・アルファベット

1株当たり純資産額 69
1株当たり純利益 69
2通りに数える 50
AND ゲート 55
BPS 69
EPS 69
F 検定 211
F 分布 211
GDP デフレーター 70
OR ゲート 55
p 値 211
PER 68
PERT（パート）法 185
ROA 69
ROE 69
t 検定 211
t 分布 211

あ行

アウトフロー 72
アナログ型の数 53
アメリカンオプション 81
誤り検出符号 91

誤り修正能力 93
誤り訂正符号 91
粗利益 30
鞍点 167, 171
インカムゲイン 67
因子分析 219
インフロー 72
円グラフ 29
オイラーの定理 179
帯グラフ 29
オプション取引 80
重み 40, 180
折れ線グラフ 29

か行

回帰直線 204
概算 60
概数 61
確定的 165, 168
確率 142
確率行列 171, 174, 175, 177
加重平均 115
仮説 210
株価収益率 68
完全失業率 197

元利均等返済 …………… 125	
χ^2（カイ二乗）分布 ……… 211	
χ^2 検定 …………………… 211	
棄却域 …………… 210, 211, 212	
期待値 …………………… 150	
奇点 ……………………… 179	
キャピタルゲイン ………… 67	
級数 ……………………… 132	
供給曲線 ………………… 134	
行列 ………………… 171, 172	
行列ゲーム ………… 164, 169	
距離関数 ………………… 220	
距離空間 ………………… 220	
切り上げ ………………… 60	
切り捨て ………………… 60	
偶点 ……………………… 179	
組合せ記号 ……………… 153	
くもの巣理論 …………… 134	
クラスター分析 ………… 219	
グラフ理論 ……………… 178	
クリティカルパス ……… 190	
グループ間の分散 ……… 221	
結合法則 ………………… 173	
限界〜 …………………… 29	
権利行使価格 …………… 81	
権利行使日 ……………… 81	
交換法則 ………………… 173	
格子点 …………………… 85	
項数 ……………………… 122	
行動基準 ………………… 169	
公比 ……………………… 122	
故障の木 ………………… 55	

固定資産 ………………… 68	
コールオプション ……… 80	

さ行

債券の現在価格 ………… 128	
最小2乗法 ……………… 204	
最早開始時刻 …………… 188	
最短通路問題 …………… 180	
最遅終了時刻 …………… 189	
裁定取引 ………………… 73	
先物取引 ………………… 79	
差金決済 ………………… 79	
自己資本 ………………… 68	
自己資本利益率 ………… 69	
資産 ……………………… 68	
資産運用 ………………… 127	
四捨五入 ………………… 60	
指数 ……………………… 102	
指数関数 ………………… 103	
指数法則 ………………… 103	
自然対数の底 ……… 32, 113	
実質 ……………………… 70	
実質利回り ……………… 47	
ジニ係数 ………………… 56	
四半期 …………………… 116	
収益率 …………………… 67	
修正ロジスティック曲線 …… 39	
収束 ……………………… 132	
収束する ………………… 131	
縮尺 ……………………… 64	
樹形図 …………………… 25	

索引　229

主成分分析	219
需要曲線	134
純資産	68
順列記号	153
条件付き確率	147
乗数効果	138
乗法定理	147
初項	122
所得税額	77
真数	105
衰退期	39
スカラー	172
スカラー倍	172
スケジュール問題	180
ストック	72
正規検定	208
正規分布	148, 161
整数計画問題	85
成長期	39
正の相関	201
成分	172
積	172
セグメンテーション	38
世帯の可処分所得	18
絶対	19
線形計画法	85, 88
線形計画問題	85, 88
先行作業	186
相加平均	114
相関行列	225
相関係数	201
相関図	29

総資産	68
総資産利益率	69
相乗平均	116, 118
相対	19
相対的貧困	18
相対的貧困率	19

た行

ダイクストラ法	180
対数	105
対数関数	106
対数グラフ	108
対数公式	107
大数の法則	148
多変量解析	219
ダミー	186
単純平均	115
単体法	85, 88
端点	86
中心極限定理	149
頂点	179
調和平均	119, 121
積立貯金	124
底	103, 105
デザイン	192
デザイン論	178
デジタル型の数	53
データの標準化	201
トイチ金融	111
等価可処分所得	19
導入期	39

等比級数	133	辺	179
等比数列	122	変曲点	34
同様に確か	142	偏差	199
独立	214	偏差値	199
独立試行の定理	153	ベンフォードの法則	110
		ポアソン分布	163
		方眼法	65
な行		棒グラフ	29
二項検定	157	飽和期	39
二項分布	157, 160	母集団	213
ニュートン法	130		

ま行

		待ち行列	140
は行		待ち行列理論	139
配当割引モデル	128	末項	122
バーコード	91	ミニマックス定理	170
発散	133	無限級数	132
半正値	224	無限等比級数	133
判別分析	219	無限等比級数の和	133
標準化	225	名目	70
標準正規分布	206		
標準偏差	199		
標本	213	**や行**	
復号	93		
負債	68	有意水準	42, 159
プットオプション	80	有効求人倍率	197
負の相関	201	有向グラフ	179
プレミアム	81	有向辺	179
フロー	72	ユークリッドの距離	220
分散	199	余事象	147
分散共分散行列	223	余事象の確率	147
平均経済成長率	116	ヨーロピアンオプション	81

ら行

流動資産 ……………………… 68
累乗 …………………………… 102, 174
ロジスティック曲線 ………… 31
ローレンツ曲線 ……………… 58

わ行

和 ……………………………… 172

著者略歴

芳沢 光雄（よしざわ・みつお）

1953年東京都生まれ。東京理科大学理学部教授（理学研究科教授）等を経て現在、桜美林大学リベラルアーツ学群教授（同志社大学理工学部数理システム学科講師を兼務）。理学博士。専門は数学・数学教育。国家公務員採用1種試験専門委員（判断・数的推理分野）、日本学術会議第4部数学研究連絡委員会委員、「教科書の改善・充実に関する研究」専門家会議委員（文部科学省委嘱）なども歴任した。

著書として、『かしこい人は算数で考える』（日経プレミアシリーズ）、『高校数学から理解して使える経営ビジネス数学』（共立出版）、『新体系・高校数学の教科書（上・下）』『新体系・中学数学の教科書（上・下）』『群論入門』（いずれも講談社ブルーバックス）、『数学的思考法』『算数・数学が得意になる本』（ともに講談社現代新書）、『算数が好きになる本』（児童書　講談社）、『今度こそわかるガロア理論』（講談社）、『リベラルアーツの学び』（岩波ジュニア新書）など多数。

日経文庫 1401

ビジネス数学入門

2002 年　1 月 15 日　1 版 1 刷
2018 年 11 月 15 日　2 版 1 刷

著者	芳沢光雄
発行者	金子 豊
発行所	日本経済新聞出版社

https://www.nikkeibook.com/
〒 100-8066　東京都千代田区大手町 1-3-7
電話：03-3270-0251（代）

装幀	next door design
組版	マーリンクレイン
印刷	東光整版印刷
製本	大進堂

©Mitsuo Yoshizawa, 2002　ISBN978-4-532-11401-5
Printed in Japan

本書の無断複写複製（コピー）は、特定の場合を除き、著作者・出版社の権利侵害になります。